Rüdiger Hauth

Die Kinder Gottes

oder „Familie der Liebe“

Der Verfasser Rüdiger Hauth ist Pfarrer in der Evangelischen Kirche von Westfalen und Beauftragter für Sekten- und Weltanschauungsfragen seiner Landeskirche. Anschrift: Röhrchenstraße 10, 5810 Witten.

5. Auflage, September 1979, 21.—26. Tausend
Verlag: Evangelischer Presseverband für Bayern, 8000 München 19
Abteilung: Schriftenmission

Druck: Claudius Verlag München

ISBN 3-583-50625-1

ERSTER TEIL

Vorbemerkungen

Innerhalb von wenigen Jahren hat sich das Bild der „Kinder Gottes", einer der sogenannten neuen Jugendsekten, sowohl in der Meinung der interessierten Öffentlichkeit als auch in der Berichterstattung der Massenmedien wesentlich verschlechtert.

Glaubte man um 1970/71 noch, diese Gruppe sei als Teil der gerade von Amerika herüberkommenden Jesus-Welle zwar ein bißchen extrem, aber doch harmlos, so hört man heute in diesem Zusammenhang immer öfter von Vorgängen, mit denen sich Polizei und Justiz in einigen Ländern beschäftigen müssen. In den USA und Europa erstatten Eltern Anzeige gegen führende Mitglieder der Sekte wegen Verschleppung ihrer Kinder und räuberischer Erpressung. Von mehreren Morden ist die Rede, die Angehörigen der „Kinder Gottes" in der Schweiz und in Belgien begangen haben sollen. Der Generalstaatsanwalt von New York schloß 1974 seine 1½jährige Untersuchung über diese Gemeinschaft mit einem umfangreichen Bericht ab, dessen Lektüre einem die Haare zu Berge stehen läßt. Ehemalige Mitglieder erzählen von Psychoterror und Seelenmassage und sind froh, der Gruppe entronnen zu sein.

Das erste öffentliche Auftreten von „Kindern Gottes" in der Bundesrepublik wurde im Herbst 1971 in der westfälischen Stadt Herne während eines Jesus-Festivals beobachtet, an dem 3000 junge Leute teilnahmen. Star-Gast war ein damals 21-jähriges blondes Mädchen aus Kalifornien. Sein Name: Faith Dietrich (geb. Berg), Tochter des Sektengründers David Berg. Das westfälische Sonntagsblatt „Unsere Kirche" berichtete am 10. Oktober 1971 über das Festival unter anderem:

> „Faith Dietrich, die christliche Kommunardin, Mitbegründerin jener religiösen Bewegung, die hierzulande vor allem unter dem Etikett ‚Jesus-People' bekannt wurde, ist mit ihrem Bruder Jonathan über den Ozean gekommen, um einer suchenden und haschenden Jugend die Liebe Gottes mitzuteilen. Sie ist der vielbeachtete Mittelpunkt des ersten Jesus-Festivals auf deutschem Boden. Eines Festivals, mit dem sie im übrigen nicht allzuviel zu tun haben möchte.

Hält sie doch die Show für einen gänzlich ungeeigneten Weg, der geistlichen Revolution, für die sie und viele mit ihr Karriere, Sicherheit und familiäre Bindungen aufgegeben hat, auch hier zum Durchbruch zu verhelfen ... Die Abkehr von Droge und Wohlstand zu beschwören und alle der Liebe der „Kinder Gottes“ zu versichern reist sie über Land, spricht von sich als einer ‚lebenden Fackel‘, die für Jesus zu brennen bereit ist ... In vielem meint sie die Zeichen der Endzeit zu erblicken. Und sie ist ganz sicher: ‚Wir sind die letzte Generation‘.“

Inzwischen erkannte man jedoch an den Handzetteln und Flugblättern, die die „Kinder Gottes“ in den Fußgängerzonen der Großstädte verteilen, daß es diesen „Jesus-Leuten“ weniger um Jesus geht als um die Offenbarungen ihres Führers und Propheten David Berg, auch ‚Mose David‘ oder ‚MO‘ genannt. Astrologie und Endzeitberechnungen spielen dabei eine Rolle und „revolutionärer Sex“; merkwürdige, religiös verbrämte politische Ansichten sowie Drohungen und Verleumdungen im Hinblick auf Staat, Kirche und Gesellschaft; und alles dargeboten in kindlich-naiver, manchmal ordinärer und vulgärer Sprache.

Im Februar 1974 distanzierte sich der Essener CVJM sehr energisch von dieser sich immer sektiererischer gebärdenden Gemeinschaft, die von 1971 an für etwa ein Jahr in seinen Räumen Gastrecht genossen und in dieser Zeit die Mission in Deutschland begonnen hatte.

Der Gründer der „Kinder Gottes“

Sektenführer haben meistens das Bedürfnis, bekannt zu sein und im Licht der Öffentlichkeit zu stehen. Sie besuchen ihre Anhänger so oft es geht und möchten ihre Botschaft möglichst bei Großveranstaltungen verkünden. So kennen wir es von den Mormonen, den Zeugen Jehovas, der Vereinigungskirche (San Myung Mun), der Mission des göttlichen Lichts (Guru Maharaj Ji) usw. Ganz anders verhält es sich bei den „Kindern Gottes“. Es gibt wohl nur ganz wenige Mitglieder dieser Gemeinschaft, die ihren Führer David Berg nach seinem Verschwinden im Jahre 1970/71 noch zu Gesichte bekommen haben. Seitdem lebt er im Untergrund. Im Mai 1977 wurde er jedoch auf der Insel Teneriffa erkannt und inmitten seiner „Familie der Liebe" (= Mädchen, die für ihn Prostitution ausüben) photographiert.

In einer Art Kurzbiographie mit dem Titel „Überleben — Die wahre Geschichte von MOSE und den KINDERN GOTTES" beschreibt er selbst seinen gegenwärtigen Zustand so:

> „Viele Männer und Propheten Gottes ... haben zu allen Zeiten aus verschiedenen Gründen das Alleinsein und die ruhige Abgeschlossenheit gesucht. ... Warum sollte es also für irgend jemanden unverständlich sein, daß wir es vorziehen, unsere Identität und unseren Aufenthaltsort vor der Öffentlichkeit soweit wie möglich geheimzuhalten? ... Ich war ... seit meinem völligen Zurückziehen aus dem öffentlichen Leben im Jahre 1970 einzig und allein auf mein Schreiben angewiesen ... Ich bin die meiste Zeit sogar von meinen eigenen Kindern fast völlig getrennt gewesen. Gewöhnlich konnten sie mich nicht einmal telefonisch erreichen, auch nicht im Notfall. Die einzige Verbindung während meines selbstgewählten Exils ist die Post oder manchmal ein Kurier gewesen, und selbst das durch ein so kompliziertes Nachsendesystem, daß selbst meine Kinder meistens nicht wissen, wo ich bin. Sie sind bereit, das zu akzeptieren, um eine Lücke in meinem Schutz, eine Gefährdung meiner Gesundheit und Sicherheit oder ein Eindringen in meine Zurückgezogenheit zu verhindern" (‚Überleben', S. 33 f.).

Seiner eigenen Schilderung zufolge, waren David Bergs Vorfahren mütterlicherseits (deutsche Judenchristen mit dem Namen Brandt) Mitte des 18. Jahrhunderts nach Amerika eingewandert und hatten sich als Mennonitenfarmer in Pennsylvanien niedergelassen. Später zogen sie nach Ohio, wo Bergs Großvater John Brandt geboren wurde. Dieser hatte sich mit 19 Jahren, obwohl Lehrer von Beruf, einer reisenden Theatergruppe angeschlossen und eines Tages, nach einem fast tödlich ausgegangenen Säbelduell auf der Bühne, zum Methodismus bekehrt. Einige Zeit danach trat er als Prediger in die Dienste einer ‚Christian Church'.

Seine Tochter Virginia (1886—1968) heiratete einen schwedischen Einwanderer namens Hjalmer Berg (1883—1966), der seinen Lebensunterhalt als Buchhalter und Sänger verdiente, bis er sich nach verschiedenen Treffen mit seinem Schwiegervater ebenfalls für den Predigerberuf entschied.

Während sich Hjalmer Berg in Iowa auf seine Tätigkeit in der „Christian Church" vorbereitete, erlitt seine Frau Virginia, die sich zum Atheismus bekannte, einen schweren Unfall, der sie fünf Jahre völlig lähmte.

Eines Tages rief sie: „O Gott, wenn es einen Gott gibt, hilf mir!" Und Gott habe ihr geholfen, schreibt David Berg. „Es war eine plötzliche Bekehrung vom absoluten Atheismus zum totalen Glauben und eine augenblickliche Heilung von vollständiger Invalidität zu übernatürlicher Gesundheit" (‚Überleben', S. 9).

Sofort begann das Ehepaar Berg von diesem Wunder zu reden, über Glaubensheilung zu predigen und sie auszuüben. Das verursachte einige Unruhe in der „Christian Church", und Hjalmer Berg verlor schließlich sein Predigeramt. Daraufhin gingen er und seine Frau „in den vollzeitigen Evangelisationsdienst": sie wurden reisende Evangelisten in den USA und Kanada.

Am 18. Februar 1919 wurde in Oakland/Kalifornien ihr Sohn David geboren. Er selbst urteilt darüber:

> „Viele Propheten prophezeiten über mich, daß ich von Mutterleib an mit dem Heiligen Geist gefüllt sei, wie Johannes der Täufer. Es war vorausgesagt worden, daß ich viele große Dinge tun würde — einige davon haben sich dank Gottes wunderwirkender Kraft durch unsere Kinder, die Children of God, schon erfüllt. Verschiedene Male wurde prophezeit, daß ich wie Mose, Jeremia, Hesekiel, Daniel und sogar David sein würde in dem Dienst, den Gott mir zuteilen würde" (‚Überleben', S. 10).

Im Zweiten Weltkrieg ließ sich die Familie Hjalmer Bergs endgültig in Huntington Beach/Kalifornien nieder. David wurde zur Armee eingezogen, wegen eines schweren Herzfehlers jedoch bald wieder entlassen. Todkrank will er dann selbst eine Glaubensheilung erlebt haben, als er versprach, Gott den Reist seines Lebens zu widmen.

1944 heiratete er Jane Miller aus Louisville/Kentucky, die er Anfang der 70er Jahre zugunsten eines jungen Mädchens mit Namen Maria verließ. Aus der Ehe mit Jane stammen vier Kinder, die Töchter Linda (,Deborah') und Faith (,Faithy') sowie die Söhne Jonathan (,Hosea') und Paul (,Aaron'), der im April 1973 am Genfer See auf ungeklärte Weise ums Leben kam.

Die 50er und 60er Jahre waren von großer religiöser Unruhe sowie ständigen Visionen und Prophezeiungen gekennzeichnet, die auch andere Menschen an David Berg herantrugen.

> „In den späten 40er Jahren haben wir dreimal die Prophezeiung des ‚Schlüssels Davids' — Offbg. 3,7-10 bekommen, die unser zukünftiges Amt als Zeuge gegen die Kirchen, ihre Fehlschläge und Heuchelei, anzeigen sollte. 1952 erhielt ich die Berufung Hesekiels 2 und 3, eine endgültige Bestätigung. 1962 erhielten wir die ‚Botschaft von Jeremia', Gottes letzte Warnung an eine auf ihr Ende zugehende Nation und die Handlungsanweisung für Seine Propheten für die Zeit ihres Falls! ... 1965 erhielt meine Mutter die jetzt berühmte ‚Warnungsprophezeiung' ... 1966 prophezeite meine Mutter, daß ich das Verständnis Daniels erhalten hatte ... das erfüllte sich in der ‚70-Jahre-Prophezeiung', die wir 1970 erhielten, die genaue Anzahl der Jahre mit ihren Daten und Ereignisse beschreibend, die zwischen heute und dem Kommen Christi liegen. ... 1967 bekamen wir wieder eine Bestätigung unseres Auftrages des Amtes Davids in Hesekiel 34, durch eine andere wertvolle Prophetin ... 1968 haben wir die Prophezeiung des Psalms 68 erhalten ..." (‚Überleben', S. 16).

Auf diesem psychisch-religiösen Hintergrund der Großfamilie Berg und ihrer nicht immer glücklichen Erfahrungen mit den etablierten Kirchen muß die Entstehungsgeschichte der „Kinder Gottes" gesehen werden. Den Nährboden für das neue Unternehmen bildete gegen Ende der 60er Jahre die Szene der Hippie- und Haschkommunen in dem ständig etwas aufgeheizten religiösen Klima Kaliforniens.

Eine neue Jugendsekte entsteht

Einige der inzwischen bekehrten Hippies nannten sich „Revolutionäre für Jesus" und kamen mit den Mitgliedern der schon bestehenden Gruppe „Teens for Christ" (Teenager für Christus) im Sommer 1968 täglich im Light-Club/Huntington Beach zusammen. Die Los Angeles Times schrieb im August 1968:

> „Der Club ist täglich bis 2.00 Uhr morgens geöffnet; es gibt einen Erholungs- und Gebetsraum und neben kostenlosem Essen wird auch Unterhaltung geboten. Die Lieder, alle mit einer religiösen Botschaft, werden von einigen Gruppenmitgliedern gesungen; die langhaarige Hippie-Zuhörerschaft sitzt schweigend dabei und ruft am Schluß jedes Liedes ‚Amen' und ‚Lobe den Herrn!' ‚Das ist es, was sie suchen', meint Jane Berg. ‚Sie suchen etwas Spirituelles. Und sie möchten es jeden Tag, nicht nur sonntags' . . . ‚Wir sind hier, um Revolution zu machen', ruft David Berg emphatisch", über den in einem späteren Artikel der Los Angeles Times (4. Dez. 68) zu lesen stand: „Rev. David Berg vom umstrittenen Club ‚Teenager für Christus' hat gewelltes graues Haar, eine honigsüße Stimme und ein strenges, aber durchscheinendes Gesicht. Er wäre gut geeignet, einer Gemeinde älterer Damen geistlich zu dienen. Aber seine Jagdbeute ist eine andere."

Die Idee, eine Gruppe „Teens for Christ" zu gründen, war Bergs Kindern Paul, Jonathan und Faith im Frühling 1966 in Texas gekommen, nachdem sie zwei Sommer lang für einen religiösen Stand auf der New Yoker Weltausstellung gearbeitet hatten und in jenem Sommer als Evangelistisches Team an die Stellen gehen wollten, wo sich Teenager aufhalten: Strände, Parks, Hippie-Treffpunkte, Schulen, Boulevards. Sie reisten 10 000 Meilen zwischen Texas und New York, Montreal und Florida in einem alten Campingwagen und brachten eine ganze Reihe junger Leute mit nach Huntington Beach. Der Light-Club, in den man 1968 einzog, war ein Jahr zuvor von der pfingstlerischen Organisation „Teen Challenge" als christliches Kaffee-Haus eröffnet worden; dort hatten die „Teens for Christ" auf der Suche nach einem kalifornischen Stützpunkt gearbeitet, bis der Club von der Gruppe ganz übernommen wurde.

Im Frühjahr 1969 verließen die „Jesus-Revolutionäre" Kalifornien — einige der Jugendlichen hatten behauptet, Prophezeiungen über den Untergang dieses US-Staates erhalten zu haben — und gründeten in Tucson/ Arizona eine Art Hippie-Kirche. Die Mitgliederzahl wuchs von 50 auf 75 an.

Dann begaben sich David und seine Anhänger mit Wohnwagen auf eine Fahrt quer durch Nordamerika.

> „Wir durchreisten auf unserer ersten Glaubensfahrt zusammen die Nation und kamen schließlich gesund und munter nach 5000 Kilometern in Martins Campinggelände in den Laurentide Bergen bei Laurentide in der Nähe von Montreal an. Hier hatten wir unsere erste offizielle Versammlung und wurden eine erkennbar organisierte, religiöse Gemeinschaft. Wir ordinierten ungefähr 50 Bischöfe, Älteste, Diakone, Diakonissen usw., um das Werk, die Jugend der Welt mit der Liebe Jesu zu erreichen, auszuführen. Das war im Herbst 1969" (‚Überleben', S. 21).

Die Gemeinschaft tauchte nun häufig in der Öffentlichkeit auf, in Washington, Philadelphia, Chicago und im Süden der USA. Bei einigen Gelegenheiten wurden die inzwischen bekanntgewordenen Symbole gezeigt: rotes Sacktuch (als Zeichen der Trauer und Buße), Joche („um die kommende Knechtschaft anzuzeigen") und Stäbe („als Symbol Seines gerechten Gerichtes über eine böse Nation, die ihren Gott vergessen hat: Amerika!").
In dieser Zeit begegnet erstmalig der Name „Kinder Gottes".

> „Wir machten immer Schlagzeilen ... und wurden zum erstenmal von einem Lokalreporter in Camden, New Jersey, ‚Children of God' genannt ... Ich wurde zum erstenmal in einigen Prophezeiungen der jungen Leute in Laurentide ‚Mose' genannt, und diese beiden Namen sind seitdem an uns hängen geblieben, und wir wurden als ‚Moses and the Children of God, bekannt!" (‚Überleben', S. 22).

Den Winter 1969/70 verbrachten die „Kinder Gottes" auf Zeltplätzen in der Nähe von Houston/Texas, bevor sie im Februar 1970 auf eine Ranch bei Thurber umzogen. Auf dieser Ranch hatte früher der pfingstlerische Evangelist Fred Jordan die „Texas Soul Clinic Mission" betrieben, der auch David Berg einige Jahre als Mitarbeiter angehört hatte.

Da die „Kinder Gottes" mittlerweile auf etwa 250 angewachsen waren, entwickelte David Berg den Plan einer „Kolonisation": die Welt sollte mit „Kolonien" ähnlich der jetzt „Texas Soul Clinic (TSC)" genannten Ur-Kolonie überzogen werden. Die erste Filiale wurde in der Innenstadt von Los Angeles gegründet; es folgten weitere in Detroit, Cincinnati, Dallas, Houston, Corpus Christi, Austin.

Im Frühjahr 1978 gab es weltweit über 8000 Mitglieder, die zu 817 Stützpunkten in 72 Ländern gehörten.

Die „MO-Briefe"

Seit seinem Rückzug aus der Öffentlichkeit, auch aus der Öffentlichkeit seiner eigenen Sekte, leitet und schult David Berg alias „Mose David" die „Kinder Gottes" durch seine Briefe, allgemein als „MO-Briefe" bekannt. Sie werden nach einem bestimmten Schlüssel (Code), der als Buchstabenkombination am Kopf jedes Briefes steht, an die Mitglieder weitergegeben.

GP = General Publication: MO-Briefe, die zum Verkaufen und Verteilen auf der Straße bestimmt sind.

DFO = Disciples and Friends Only: nur für Mitglieder und ausgesucht „vertrauenswürdige" Freunde.

DO = Disciples Only: nur für Mitglieder, die länger als drei Monate bei den „Kindern Gottes" sind.

LTA = Leaders, Trainees, read to All: nur für Leiter und Leiterschaftsanwärter; ausgewählte Teile der Briefe sollen allen Mitgliedern vorgelesen werden.

LTO = Leaders and Trainees Only: nur für Leiter und Leiterschaftsanwärter.

LO = Leaders Only: nur für Leiter.

RV = Revised Version: alte MO-Briefe, die in überarbeiteter Fassung neu erscheinen.

In der ersten Zeit nach Bergs Untertauchen erschienen die MO-Briefe als einfache, vervielfältigte Rundschreiben, ehe sie als gedruckte und mit Zeichnungen nach Comic-Art versehene Faltblätter oder Hefte herausgebracht wurden.

Schon 1971 kamen Fragen nach der Funktion der MO-Briefe auf, und David Berg gab seinen Anhängern in dem internen

LO-Brief „Public Relations“ (vom 24. Nov. 71, S. 12) ein Muster, wie sie darauf zu antworten hätten:

„‚Wer ist Moses?‘ — Kann ich Ihnen wirklich nicht sagen. ‚Ist er nicht euer Leiter?‘ — Unser Leiter ist Jesus. Von Moses weiß ich nur, daß er der Gründer der Jesus-Bewegung ist und sich im Ausland aufhält. — ‚Aber ihr bekommt doch Briefe von ihm?‘ — Ja, manchmal, aber nur weil er uns liebt. Außerdem sind es nur Vervielfältigungen. — ‚Weißt du nicht, wo die Originale herkommen?‘ — Warum wollen Sie das eigentlich wissen? Wer interessiert sich dafür? — ‚Wir wissen, daß er euch dadurch leitet. Ist das wahr?‘ — Ich sagte Ihnen schon, daß Jesus Christus unser Leiter ist. Moses gibt uns Ratschläge, aber wir brauchen uns nicht danach zu richten.“

Hier liegt eine direkte Anweisung zur Lüge vor, denn die MO-Briefe haben von Anfang an im Leben der „Kinder Gottes“ eine entscheidende und verbindliche Rolle gespielt, wobei der Ton in den letzten Jahren etwas schärfer geworden ist. David Berg löst die Fragen der Organisation, des Alltagslebens und des Glaubens von oben her per Anordnung, die keinen Widerspruch duldet. Beispiele aus internen Briefen mögen das veranschaulichen:

„Örtliche Probleme sollten auf örtlicher Ebene geregelt werden, und die Grundprinzipien darüber, was man in den meisten Fällen tut, sind bereits in meinen Briefen festgelegt worden“ (LTO 334-C/8. März 75).

„Wer sind die Rebellen? — Ihr, die ihr gegen die Gebote des Herrn und die Gesetze der Briefe rebelliert ... Jede Kolonie, die innerhalb eines Monats nach Empfang dieses Briefes nicht mindestens einen neuen Jünger gewinnt, wird als eine assoziierte Kolonie neuklassifiziert und nur noch GP-Briefe erhalten ... wir werden euch ab sofort die internen LT- und DO-Briefe vorenthalten, die nur denen zugesandt werden, die von nun an gehorchen“ (DFO 328-B / 18. Febr. 75).

„Der Chef hat vielleicht nicht immer recht, aber er muß trotzdem der Chef bleiben ... und ich hoffe, daß ich euch etwas von der Furcht Gottes eingebleut habe, und ihr könnt nur dankbar sein, daß ich nicht persönlich da bin,

> sonst hätte ich versucht sein können, es eigenhändig zu tun und euch die Rute mit der Kraft zu geben, mit der ihr sie braucht" (DFO 312-B / 30. Juli 74).

Seinen Jüngern hat David Berg immer wieder eingepaukt, daß die Briefe das für die heutige Zeit gültige Wort Gottes enthalten. Den „Kirchenteufeln" wirft er vor, „alle Wahrheit und die Offenbarungen Gottes" strikt auf die Bibel zu beschränken. „Darum möchte ich dir offen sagen, daß du vorzugsweise lieber das lesen solltest, was Gott heute sagt, als das, was er vor 2000 Jahren gesagt hat" (GP 329 / Sept. 74).

Ein führendes Mitglied der Sekte bestätigte das in einem Gespräch: „So wie Paulus damals an die Gemeinden in Korinth, Rom oder Galatien schrieb, so schreibt der Prophet der Endzeit, Mose David, heute an die Gemeinden (d. h. Kolonien) in New York, Sydney, Düsseldorf oder Stockholm."

Berg selbst in einer Diskussion über das MO-Briefe-Verteilen auf der Straße:

> „Es ist nicht die Verantwortung der Jungen, eine Predigt zu halten und die Leute zu überzeugen ... Unsere Hauptarbeit ist nicht *ihr* Bezeugen, sondern *mein* Bezeugen ... *Es ist Gott,* der die Predigt durch den Brief selbst gibt. Das mag ihren Stolz verletzen, aber es ist die Wahrheit. Wenn die Leute ihn in die Hand bekommen, sagt Gott: ‚Meine Schafe *hören* meine Stimme ...'. Wenn sie ihn lesen, werden sie seine Stimme hören ... Von jetzt an *sind die MO-Briefe das Heiliggeist-Beispiel, ihr* Zeugnis, die Botschaft, und das ist alles, wofür sie verantwortlich sind" (Kursiv gesetztes im Original. DO-241 / 26. Juni 73).

Aus anderen Beispielen geht noch deutlicher hervor, daß die MO-Briefe in ihrem Autoritätsanspruch einfach neben Gott oder den Heiligen Geist gestellt werden:

> „Gott sei dank sind die meisten von euch dem Herrn und seinen Briefen treu gefolgt ... Wenn ihr ein wenig zusätzliche Autorität braucht, nehmt sie aus meinen Briefen. Warum habt ihr nicht den Mumm, einfach aufzustehen und zu sagen: ‚Es tut mir leid, aber das nicht so, wie MO oder der Herr oder die Bibel uns sagen!' ... Ich habe sie (d. h. ungehorsame Leiter) gelegentlich zu einer anderen

Aufgabe degradiert oder sie in irgendein anderes Gebiet verbannt, bis sie ihre Lektion gelernt hatten ... dem Herrn und seinen Briefen zu gehorchen" (LTO 328-C / 18. Febr. 1975).

Ehemalige Angehörige der „Kinder Gottes" berichteten, daß schon nach kurzer Zeit der Mitgliedschaft für den Neuen die Bibel immer mehr in den Hintergrund tritt und die MO-Briefe die erste Stelle einnehmen. Jeden Tag muß ein solcher Brief gelesen und ein Bibelvers (nach vorgedruckten Kärtchen) auswendig gelernt werden. Im Tagesablauf ist dafür die „MO-Letter Study Time" eingeplant. Bibelverse und Berg-Ideologie zusammen bilden dann das Rüstzeug für die Missionstätigkeit auf der Straße.

Ein junger Mann meinte nach dem Verlassen der Sekte: „Eigentlich hatte ich gehofft, bei den ‚Kindern Gottes' Jesus zu finden; ich merkte jedoch bald, daß ich immer nur bei David Berg und seinen MO-Briefen landete."

Die Leiter der einzelnen Kolonien müssen in ihren monatlichen Arbeitsberichten unter anderem auch über die Pflichtlektüre der MO-Briefe in ihrer Gruppe Angaben machen. In dem Berichtsbogen einer deutschen Kolonie vom Februar 1976 standen unter der Rubrik „New MO-Letter Reactions" folgende Eintragungen: „sehr interessant und informativ", „änderte unser Leben", „aus Dankbarkeit für MO alle verkauft", „half uns, nicht zu murren und zu zweifeln", „hat uns inspiriert und angefeuert".

Der „MO-Brief Lese & Studien Kurs"

Die „Kinder Gottes" sind, wie andere Sekten auch, darauf bedacht, ihre neuen Mitglieder möglichst intensiv in der eigenen Glaubensideologie zu schulen und zu indoktrinieren.

1975 wurde deshalb von einigen Spitzenfunktionären ein „MO-Brief Lese & Studien Kurs" zusammengestellt, dem David Berg das Motto gab: „Only 2 Letters a Day Keeps the Demons Away" (Nur 2 Briefe täglich — das hält Dämonen fern).

Der Zweck des Kurses soll es sein, jedem neuen Jünger gleich nach seinem Beitritt eine umfassende Kenntnis der „Briefe des Herrn" zu vermitteln. Des weiteren soll ihm geholfen werden,

„die Revolution, unsere Botschaft sowie die Methode und die Art des Lebens gemäß den Vorstellungen, die Gott uns davon gegeben hat", richtig zu verstehen. Indem sie einfach dem roten Faden des Kurses folgen, können alle Neuen an den „Briefen des Herrn" wachsen. „Gott wird sie schon durch die Kraft Seines Geistes und Seines Wortes lehren und führen", schreiben die Herausgeber, „und er wird die MO-Briefe dazu benutzen". Man hat den Kurs in acht Themenbereiche gegliedert und diesen die wichtigsten MO-Briefe zugeordnet

1. Einführung in die Revolution und die Grundzüge unseres Glaubens 2. Euer geistliches Leben und Wandeln mit dem Herrn. 3. Warum wir (aus dem System) aussteigen müssen. 4. Unser Ziel: die Eroberung der Welt. 5. Die Welt heute: Politik und Wirtschaft. 6. Unser Hirte: Mose David. 7. Die geistliche Welt. 8. Liebe und Sex.

Zu jedem Themenkreis gibt es ein kleines Heftchen mit Testfragen, an denen geprüft wird, ob Inhalt und Doktrin auch verstanden worden sind.

Da der Kurs 144 einzelne MO-Briefe enthält und angenommen wird, daß der Jünger pro Tag zwei Briefe „studiert" (sechs Tage in der Woche, der siebente soll zum Wiederholen genutzt werden), ist der Kurs nach drei Monaten beendet. „Wer's bis dahin nicht begriffen hat, wird es nie begreifen", meint David Berg.

Tausende von Eltern haben bisher mit Erschrecken und Verzweiflung zur Kenntnis nehmen müssen, daß sich ihre Kinder durch diese „Grundausbildung" in Wesen und Persönlichkeit so total verändert hatten, daß man sie danach nur noch als willenlose Werkzeuge in den Händen der Sektenführung bezeichnen konnte.

Die Organisation

In David Bergs kleinem Heft „Die neue Do-it-yourself Revolution" (Sept. 75) wurde in Form einer Pyramide der bisherige „Aufbau von Gottes Königreich" graphisch dargestellt (S. 125).

Die breite Basis bildeten die Kolonien, geleitet von Kolonie-Hirten. Auf den nach oben folgenden Ebenen herrschten Distrikt-Hirten, Regional-Hirten, Bischöfe, Erzbischöfe, Minister und

JESUS
MO-PROPHET & KÖNIG
PREMIER MINISTER
MINISTER
ERZBISCHÖFE
BISCHÖFE
REGIONAL-HIRTEN
DISTRIKT-HIRTEN
KOLONIE-HIRTEN
-DER AUFBAU VON GOTTES KÖNIGREICH!
-ES IST EINE REVOLUTION!-FÜR JESUS!
-DIE KRISTALLPYRAMIDE!

Premier-Minister; über allen „MO-Prophet & König". Seine Alleinherrschaft hatte er jedoch offiziell dem „Auge" Jesu unterstellt, das in die Spitze dieser sogenannten „Kristallpyramide" eingezeichnet war.

Im Sommer 1975 begann Berg seine Sekte nach dem Schema „Einer-auf-Zweien" neu zu organisieren: ein Distrikt sollte zwei Kolonien umfassen, eine Region vier, ein Bistum acht, ein Erzbistum 16, ein Ministerium 32 und ein Premierministerium 64.

„Bei unserem neuen Weltdurchschnitt von weniger als 10 Jüngern pro Kolonie bedeutet das, daß jedes Premierministerium nicht mehr als 640 Jünger umfassen sollte. Was bedeutet, daß wir jetzt mit unserer gegenwärtigen Gesamtbevölkerung von beinahe 4000 ungefähr 6 Premierministerien haben sollten, anstatt der gegenwärtigen 4" (LTO 336-A / 27. Juni 75).

Nach der Neueinteilung gab es folgende 6 Premierministerien:

NORDOST-EUROPA
NORDWEST-EUROPA
SÜDEUROPA — ASIEN — AFRIKA
NORDAMERIKA
LATEINAMERIKA
PAZIFIK

Diese obersten Verwaltungsgebiete wiederum wurden überwacht von ebenfalls sechs „King's Counsellors" (Ratgeber des Königs), die mit den beiden Leitern des Welt-Büros der Sekte (‚World Services' in Paris) den „King's Council" (Rat des Königs) bildeten.

Quasi als Rückgrat der Sekte wurde Anfang 1975 eine „Kette der Kooperation" geschaffen, die als „Sicherheitskontrolle über jedermanns Aktionen in jedem Gebiet" dienen sollte. Die einzelnen Ebenen waren dabei durch „Räte" verzahnt: zwei Koloniehirten und ein Distrikthirte bildeten den „Distrikt-Rat"; zwei Distrikthirten und ein Regionalhirte den „Regional-Rat", zwei Regionalhirten und ein Bischof den „Bischöflichen Rat", zwei Bischöfe und ein Erzbischof den „Erzbischöflichen Rat" usw. Jeder Rat war also für zwei Ebenen verantwortlich, wodurch eine doppelte und gegenseitige Überwachung gewährleistet war. (Gemäß LTO 328-C / 18. Febr. 75.)

Nachdem David Berg im Februar 1975 die ‚Kolonie-', ‚Jünger-', ‚Literatur-' und ‚Leiterschafts-Revolution' durchgesetzt hatte, gab es im Februar 1978 erneut einschneidende Änderungen in der Organisation. Damals waren die ‚Kristall-Pyramide' bzw. ‚Kette der Zusammenarbeit' zur besseren Leitung und Überwachung der Sekte sowie neue Quoten bei der Mitgliederwerbung und beim Betteln eingeführt worden. In den vergangenen drei Jahren schienen sich nun die mittleren Führer, wie ‚Bischöfe', ‚Erzbischöfe' und ‚Minister', nach Bergs eigenen Worten zu „faulen Müßiggängern", „grausamen Erpressern" und „luxuriös lebenden, herrischen Diktatoren" entwickelt zu haben. Deshalb schaffte David Berg am 18. Februar 78, seinem Geburtstag, die ganze Hierarchie ab. Zwischen dem KQC (= King, Queen & Council), d. h. ihm selbst, seiner Freundin Maria und wenigen Vertrauten, sowie der Basis soll es keine Befehlsstruktur mehr geben. Es ist zu vermuten, daß die mittleren Führer Berg zu mächtig geworden waren und ihn fast in der Hand hatten.

Die neuen Schlagworte lauten: ‚Re-Organisation' und ‚Nationalisation'. „Mit anderen Worten: Der König nimmt die Zügel der Regierung wieder an sich, und wir kehren zu einer unmittelbaren Diktatur zurück ... Wir meinen, die Kolonien können ihre eigenen Angelegenheiten besser regeln unter unserer direkten und persönlichen Oberaufsicht, von der Spitze her! Ich denke, die Briefe werden die Führer sein, und sie werden besser befolgt werden, wenn sich nicht irgendwelche höheren Leiter einmischen".

Mit der ‚Re-Organisation' sind auch verschiedene Namensänderungen verbunden. Dort, wo man den Namen ‚Kinder Gottes' nicht mag, soll die Bezeichnung ‚Familie der Liebe' gelten. Die ‚Kolonien' werden zu ‚Heimen', ‚Hirt' und ‚Hirtin' heißen fortan ‚Servant' und ‚Handmaid'.

Für die einzelnen Verwaltungs- und Sprachgebiete werden sogenannte ‚Family Service Centers' (Familiendienstzentren) als einzige Zwischeninstanz eingerichtet. Sie bilden die Stützpunkte für die ‚Home-Visiting-Servants', die jedes ‚Heim' in ihrem Gebiet regelmäßig zu besuchen und, „ohne offizielle Autorität", für deren Bedürfnisse zu sorgen haben. Daneben gibt es in jedem Gebiet den ‚Sprint Shop', der für Übersetzung und Vertrieb der MO-Briefe verantwortlich ist.

Seine eigene Funktion faßt David Berg noch einmal so zusammen: „Die Arbeit des KQC wird sein, die Kolonieberichte zu sammeln, dazu Statistiken und den Zehnten; wie üblich werden 5 Prozent behalten und 5 Prozent gehen an den Weltdienst, wie bisher ...

Die einzige Autorität, die der KQC haben wird, ist, die in den MO-Briefen niedergelegten Gesetze zur Geltung zu bringen".
Mit „Nationalisation" meint Berg, daß Missionare im Ausland die jeweilige Landessprache sehr gut beherrschen und die Leiter der ‚Heime' aus den betreffenden Ländern selbst stammen müssen. Das hat natürlich einen ganz praktischen Grund. Es war vorgekommen, daß die Sekte aus verschiedenen Gebieten ihre ausländischen Leiter abziehen mußte (Ausweisung) und die Kolonien „führerlos" und „unorganisiert" zurückblieben. In ähnlichen Fällen sollen künftig die rechtlich-finanziellen Dinge gut geregelt und die Arbeit ungehindert fortgesetzt werden können. „Nationalisiert jetzt! Keine Katastrophen und Zusammenbrüche mehr aus Mangel an einheimischen Führern. — Findet sie jetzt!" Außerdem dürfen nicht-amerikanische ‚Heime' rund um die Welt nach dem 1. April 78 nicht mehr als 50 Prozent amerikanische Mitglieder haben. Durch diese neuen Anordnungen hat der Sektenführer das Heft wieder fester in die Hand genommen. (Die Zitate stammen aus dem MO-Brief DO 650 „Reorganisation Nationalisation Revolution" vom Januar 78).

Allen Jugendsekten brachte die Herabsetzung der Volljährigkeit von 21 auf 18 Jahre in der Bundesrepublik unerwartete Möglichkeiten der Mitgliederwerbung. Neben dieser Altersgruppe haben die „Kinder Gottes" noch das Reservoir der 14- bis 18-jährigen ins Auge gefaßt, für die eine Vorstufe zum Vollzeit-Jünger geschaffen wurde: die „Katakomben-Kolonie".
Schüler und Lehrlinge, die von Gesetzes wegen noch nicht aus dem „System" aussteigen können, aber „Jesus und MO dienen wollen" werden in diesen besonderen Kolonien zusammengefaßt. Obwohl sie zu Hause bei den Eltern wohnen bleiben, werden ähnliche Anforderungen an die Katakomben-Jünger gestellt wie an Vollzeit-Mitglieder.

> „Sie müssen es ernst meinen und wirklich an die MO-Briefe glauben, sonst sind sie keine wahren Jünger ... Von ihnen wird erwartet, daß sie an allen Zusammenkünften teilnehmen, wo sie einzelne Anweisungen erhalten; sie sollen ein bis zwei MO-Briefe pro Tag lesen sowie Bibelverse und MO-Zitate in ihr Herz aufnehmen ... Da die meisten von ihnen noch zur Schule gehen, ist ihre Quote bei der Literaturverteilung sehr niedrig, aber es wird verlangt,

daß sie wenigstens 10 Stunden pro Woche ‚bezeugen', was wohl ein Opfer ihrer Freizeit außerhalb der Schule ist" (‚How to Organize a Catacombs Region', Sept. 75).

Den Jugendlichen wird der Rat gegeben, ihre Zugehörigkeit zu der neuen Gemeinschaft zunächst geheimzuhalten und den Namen „Kinder Gottes" nicht zu gebrauchen. Erst wenn die Eltern einverstanden sind, sollen sie ihnen ihre Berichte vom „Bezeugen" vorlegen, mit ihnen beten und singen. „Teile mit deinen Eltern so viel wie möglich. Laß sie am Segen durch Gottes Endzeitpropheten teilhaben" (‚Catacombs Colonies', 1973).

Auf Anordnung ihres Führers (MO-Brief DO 750) vom Dezember 1978, in den Untergrund zu gehen, sieht man in letzter Zeit die Kinder Gottes nicht mehr so häufig auf deutschen Straßen.

ZWEITER TEIL

David Bergs Lehren

Eigentlich handelt es sich bei den Aussagen David Bergs nicht um „Lehren" im Sinne eines entwickelten dogmatischen Lehrgebäudes, wie es andere Sekten anzubieten versuchen.

Er hat sich keine weiteren Gedanken zur exegetischen Wissenschaft des Alten und Neuen Testamentes gemacht, auch keine besondere Lehre von Gott, Jesus Christus und dem Heiligen Geist hervorgebracht. Ihm geht es wohl mehr darum, die „Kinder Gottes" als das „auserwählte Volk" herauszukehren (wobei ihm selbst die Rolle eines „Propheten und Königs der Endzeit" zufällt), seinen Anhängern ein bestimmtes Lebensmuster überzustülpen und im übrigen alles, was nicht zu seiner Sekte gehört, mit höchster Lautstärke zu beschimpfen.

Das „System" und die „Systemiten"

In ungebrochen dualistischer und bewährt sektiererischer Denkweise hat Berg einen dicken Trennungsstrich gezogen zwischen seiner Gemeinschaft und dem „bösen System", dem er und seine Gefolgschaft entflohen sind.

Die Begriffe „System" und „Systemiten" scheinen zu Bergs Lieblingsworten zu gehören, denn sie tauchen in fast jedem seiner Briefe wieder auf. Mit „System" pflegt er dabei alle Bereiche jenseits der von ihm festgelegten Trennungslinie zu kennzeichnen: Kirche, Staat, Gesellschaft, Politik, Wirtschaft, Kultur, Wissenschaft usw.

Da die Eltern der jungen Sektenmitglieder und die Kirchen wohl zu den besonders schlimmen „System"-Vertretern (= „Systemiten") gehören, sind sie auch in erster Linie Gegenstand seiner Beschimpfungen. Wer die einschlägigen MO-Briefe liest, kann nur immer wieder erstaunt sein über den maßlosen Haß, der aus den Zeilen spricht. Man meint fast, den vor Wut zitternden Schreiber der Briefe durch das Papier hindurch zu spüren und ist geneigt, in ihm einen Psychopathen zu vermuten.

In dem Brief „Wer sind die Rebellen?" (8. März 70) sieht Berg die „Kinder Gottes" als Endpunkt einer langen Reihe von großen Gestalten der Bibel und der Geschichte, die zu ihren Zeiten jeweils gegen irgendein „System" aufgetreten sind. Abraham etwa, so liest man, lehnte es ab, „sich der gesetzesbrecherischen Regierung von Babylon anzupassen". Mose und die Israeliten flohen vor den „Teufelsgöttern des alten Ägypten", und Gideon zerhackte die Götzenbilder und Baalsaltäre des „falschen religiösen Systems" der älteren Judengeneration. „Der Zimmermann aus Nazareth und seine seltsame Bande von langhaarigen, bärtigen Jüngern traten dem System ihrer scheinheiligen, heuchlerischen, Gott widerstehenden Verfolger entgegen." Luther, Calvin, Knox, Penn und Wesley standen gegen „die verdammten, höllischen, diabolischen, boshaften, teuflischen, anti-christlichen Systeme" auf.

Als Schlußpunkt dieser bunten Reihe von Revolutionären und Reformern wollen sich also heute die „Kinder Gottes" verstehen, wenn sie gegen das „System" ihrer „Gott verlassenden, Bibel hassenden, anti-christlichen, gesetzesbrecherischen, menschentötenden Eltern" angehen. Gegen Ende des Briefes überschlägt sich Berg schier in seiner Wut über die Eltern:

> „Zur Hölle mit eurem teuflischen System. Möge Gott eure ungläubigen Herzen verdammen. Es wäre besser, daß ein Mühlstein an euren Hals gehängt und ihr ersäuft würdet im Meer, wo es am tiefsten ist ... Gott wird euch vernichten und uns retten, während wir gegen eure Bosheit rebellieren und euer ehebrecherisches System zerstören, im Namen Gottes, des Allmächtigen ... Tut Buße oder vergeht in der Hölle auf Erden."

Oder in dem Brief „Bibelstundium“ vom 1. Januar 71:

„Gott möge mich davor bewahren, unter diesen Systemiten leben zu müssen. Ich möchte nicht daran denken, was ich tun würde, wenn ich mal eine Maschinenpistole hätte. Ich wäre versucht, sie alle niederzumähen.“

Wen wundert es, wenn in diesem geistigen Klima junge Leute ihren Eltern total entfremdet und zum Haß gegen sie angestachelt werden? Solche Vorwürfe wies ein Sektenführer in einem Zeitungsinterview natürlich zurück: „Die Jugendlichen werden bei uns nicht gelehrt, ihre Eltern zu hassen; sie hassen die Eltern schon, bevor sie sie verlassen und zu uns kommen“ (‚Tucson Daily Citizen‘, 24. Dez. 71).

Trotz schärfster Abgrenzung vom „System“ sind die „Kinder Gottes“ jedoch gerade auf die Hilfe dieses „Systems“ angewiesen, um zu existieren. Sie müssen irgendwo wohnen; sie brauchen die Post, die Bank und nicht zuletzt die Menschen, bei denen sie missionieren und kassieren. David Berg hat sich also dazu durchgerungen, Verhaltensmaßregeln „zum Gebrauch des Systems“ aufzustellen.

„Warum sollten wir uns damit abgeben, für materielle Dinge zu schuften, wenn das System genug davon hat. Laßt sie unsere Sklaven sein — nicht wir ihre ... Gott muß ein paar Systemiten dabei bleiben lassen, damit sie uns ihre Hosen geben und ihre letzte Mark, um uns zu füttern ... Seine Kinder müssen sich nicht mit so kleinen Dingen wie Lebensunterhaltverdienen abgeben“ (DO 27 / 15. Dez. 70).

„Es ist nichts Falsches daran, das System zu benutzen. Es ist ja dazu da, uns zu dienen, mit seinen Menschen, seinem Geld und seinem Service ... Wir haben nichts dagegen, Wasser, Licht, Benzin, sanitäre Einrichtungen, Müllabfuhr, Polizei usw. gebrauchen. Also benutzt es!“ (DFO 330-C/ 1. Febr. 75).

Mehr noch: das „System“ ist dazu da, ausgeplündert zu werden. Berg fühlt sich mit seinen Anhängern wie eine Untergrund-Armee, die im Dschungel lebt, für die umliegende Zivilisation möglichst unerreichbar. Man stößt wohl in das „System“ hinein, um Nahrung zu holen, verschwindet dann aber wieder.

„Ihr seid sicherer, wenn ihr draußen im Dschungel bleibt und nur hin und wieder das System plündert. Nomaden, wie Juden, Zigeuner, Beduinen, Dschungel- und Bergbewohner haben viel länger überlebt, als irgendein System... Nehmt, was ihr aus dem System rausbekommen könnt, aber bleibt auf der Flucht, damit es euch nicht kriegt. Bleibt in Bewegung... Schmarotzt vom System so viel ihr könnt, aber wenn sie versuchen, euch zu Systemiten zu machen — zurück in den Dschungel!" (DFO 333-C/ 2. April 75).

Die „Kinder Gottes" als auserwähltes Volk

Je radikaler die Forderungen sind, die ein Sektenchef an seine Anhänger stellt, je größer und phantasievoller pflegen die Versprechungen zu sein, die er ihnen dafür gibt.

Wenn sich jemand einer religiösen Sekte anschließt, so ist das fast immer mit einer totalen Änderung des bisherigen Lebens, Denkens und Glaubens verbunden, was anfänglich Unsicherheiten und ein gewisses Vakuum verursacht. Dieses Vakuum nun wird im Laufe der Zeit mit neuen Inhalten, Vorstellungen und Verhaltensweisen gefüllt, die der Sektenführer oder die Sektenlehre festlegen. Solche Umwandlungen kennen wir von Menschen, die zu den Zeugen Jehovas, den Mormonen, zur „Vereinigungskirche" und anderen gegangen sind.

Sektierern wird normalerweise verheißen, daß sie gerade in *ihrer* Gemeinschaft die letztgültige Wahrheit, das Heil und die Erlösung finden; vor allem aber wird ihnen das Bewußtsein suggeriert, in den Augen Gottes besonders hervorgehoben zu sein.

David Berg bildet da keine Ausnahme. Wenn er mit Hilfe seiner MO-Briefe und einiger Psychotricks die eigene Persönlichkeit und den eigenen Willen der jungen Leute hat zusammenschrumpfen lassen, dann bietet er ihnen als Trostpflaster und Aufputschmittel die Gewißheit, zum „auserwählten Volk Gottes" zu gehören.

An einigen Stellen eröffnet Berg ganz handfeste Ausblicke auf die zukünftigen Möglichkeiten seiner Anhänger, im Weltgeschehen die entscheidende Rolle zu spielen. Da sie bereits „als Nation auf der ganzen Welt mächtig geworden" sind (DFO 297 / 15. Aug. 73), lernen sie gerade, wie man eine „buchstäbliche" Regierung bildet. „Ich glaube wirklich", schreibt

Berg in LTO 332-B vom März 75, „daß Gott uns an einem dieser Tage benutzen wird, um die Welt zu führen. Es gibt genügend Schriftstellen, obwohl es immer noch geheimnisvoll sein mag, wie er es genau tun wird."

Ganz gewiß aber fällt den „Kindern Gottes" nach der Auferstehung die Herrschaft über die Welt zu:

> „Ich kann daran zurückdenken, daß der große Prophet Avak uns viele der Dinge berichtete, die der Herr ihm über die kommende Weltregierung von Christus selbst im Millenium offenbarte. Weißt du, einige Leute sind so himmlisch gesinnt, daß sie niemals wirklich daran denken, diese Sache auf Erdebene herunterzubringen, wo es tatsächlich eine buchstäbliche Regierung auf Erden sein wird, mit wirklich vorhandenen Städten, Dörfern und Leuten. Wir werden immer noch Länder und eine Regierung haben, die sie regiert, in diesem Fall durch uns. Dies ist natürlich nach der Auferstehung, im Millenium, wenn du und ich Gottes Supermann-Agenten sind, die die Welt führen. Es heißt: ‚Wir werden mit ihm, mit einem eisernen Stab, über Nationen herrschen und regieren.' Ich meine, es wird dann nicht irgendeine Art von Demokratie sein, weil wir über die Gottlosen herrschen werden, die auf der Erde zurückbleiben. Wir selbst werden auferstanden, entrückt und verändert sein, und wir werden übernatürliche Körper haben, Gott sei dank, unsere ewigen, geistigen Körper, wie der Herr hatte, als Er auferstanden war. Er konnte sich materialisieren und dematerialisieren, und wir werden dasselbe können. Dies wird ein großer Vorteil sein, wenn wir Obrigkeiten des Gesetzes und Gesetzesdurchführer, Regierende und so weiter sind, übernatürliche Supermänner" (LTO 332-B).

Hier scheint die kindliche Phantasie mit Herrn Berg doch ein bißchen stark durchgegangen zu sein.

Mose David: „König" und „Prophet der Endzeit"

Weil „viele Propheten" schon bei seiner Geburt prophezeit hätten, daß er eines Tages große Dinge tun würde, so wie der biblische Moses und der biblische David, hat sich „Mose David" natürlich ganz auf diese Rolle eingestellt, besonders nach der

Sektengründung. Da man jedoch außerhalb seiner Gemeinschaft den neuen Moses oder David, der angeblich den berühmten Vorbildern gleichen soll, nicht zur Kenntnis nimmt, ist Berg gezwungen, seine Wunschträume ausschließlich in den Köpfen seiner Anhänger zu verwirklichen.

Das geschieht dadurch, daß er sich bei den „Kindern Gottes" die wichtigsten Aufgabenbereiche vorbehalten hat: „Gott sagte mir einmal, daß ich sowohl König als auch Prophet sein soll" (LTO 332-A / 28. März 75).

In der weltlichen Organisation, dem „Königreich" seiner Kolonien, regiert er als unumschränkter Herrscher, umgeben vom Hofstaat einiger Vertrauter, die zu ihm Kontakt halten dürfen. Mit der ihm eigenen Ausdrucksweise charakterisiert er in dem LTO-Brief 329-A vom 18. Febr. 75, nachdem er ein paar Veränderungen in der Verwaltung und personelle Umbesetzungen bekannt gegeben hat, sein Reich so: „Es ist ein verrücktes Königreich, nicht wahr, mit einem verrückten König, aber er tut die Arbeit, lobt Gott! Denn wir haben einen verrückten Gott, der sicher weiß, was er tut ..."

Die Macht hingegen, die Berg als „Prophet" über die „Kinder Gottes" ausübt, ist viel tiefgehender, weil er ihnen suggeriert, daß alle seine Anweisungen und Prophezeiungen direkt von Gott kommen. „In gewisser Hinsicht habe ich die leichteste Aufgabe in der Revolution. Ich brauche nur Gott zuzuhören und es an euch weiterzugeben; aber für euch ist es nicht immer so leicht, alles auszuführen ... Aber das ist nun mal meine Aufgabe" (LTO 182 / Sept. 72).

An anderer Stelle berichtet Berg von einer Auseinandersetzung mit einem Anhänger, der niemandem außer Gott gehorchen wollte, weder Berg, noch seiner Frau noch seinen Unter-Führern. Darauf hin der Chef: „Nun gut, die Leute auf diesem Grund und Boden nehmen meine Befehle an und betrachten sie als vom Herrn. Noch zwei Stunden und du fliegst von diesem Grundstück runter" (DFO 334-A / 22. April 75).

Das Amt der Propheten in alttestamentlicher Zeit war es, in erster Linie dem Volk Israel den Willen Gottes für den Augenblick zu verkünden; erst an zweiter Stelle kamen Weissagungen und Prophezeiungen hinzu, die für spätere Generationen bestimmt waren.

Der „Prophet“ David Berg versteht das heute ähnlich: die „Kinder Gottes“ tun als „auserwähltes Volk“ den Willen Gottes, indem sie seine (Bergs) Anordnungen gehorsam befolgen. Und da das ziemlich reibungslos klappt, möchte er sich nun auch mit einigen in die Zukunft weisenden Prophezeiungen als echter Prophet hervortun.

Seit jeher sind für viele Möchte-gern-Propheten das Ende der Welt, das Gericht Gottes über die Menschheit, die Wiederkunft Christi, das große Friedensreich usw. beliebte Spekulationsobjekte gewesen. Warum nicht auch für David Berg?

In den Augen seiner Anhänger muß wohl die sogenannte „70-Jahr-Prophezeiung“, beschrieben in GP 156 (1. März 72), als die bedeutendste Leistung auf diesem Gebiet gelten.

Im Sommer 1970 schien Berg sehr krank gewesen zu sein, und er bat Gott, ihm mitzuteilen, wie lange er noch zu leben hätte. Gott „klopfte“ als Antwort zuerst siebenmal sieben und nach einer Pause noch dreimal sieben; also: einem Zeitraum von 49 Jahren würde einer von 21 Jahren folgen. Daraus schloß Berg auf eine Lebensdauer von 70 Jahren und begann mit seiner Deutung. Der erste Zeitabschnitt endete (von seinem Geburtsjahr ab gerechnet) 1968, „als wir die Revolution im Light-Club in Huntington Beach anfingen“. Mit dem Beginn der „Kinder-Gottes“-Mission war die „Zeit der Heiden“ vorbei. Die zweite Periode wird nun bis 1989 dauern; ihr folgen „Trübsal und Verwüstung“, die Berg allerdings nicht mehr zu erleben braucht. „Ich werde ungefähr gegen Anfang der Trübsal sterben, und Maria wird bis zum Kommen des Herrn, ungefähr 3½ Jahre später, weiterleben, denn ich sah sie eindeutig in einer Vision, wie sie das Zweite Kommen erlebte.“

Im Oktober 1972 hatte er wieder eine Vision: er sah eine alte, goldene Taschenuhr, deren Zeiger auf kurz nach 3.00 Uhr standen. Da es noch neun Stunden, also neun Jahre bis „Mitternacht“ waren, fragte er Gott, ob die letzte Stunde 1980 oder 1981 schlagen werde. Die Antwort Gottes: „Das soll nicht eure Mitternacht, sondern euer Mittag sein. Und Mitternacht wird 12 Stunden danach kommen! Ungefähr 1993!“ Damit war für Berg die „70-Jahr-Prophezeiung“ bestätigt: „69 bis 93! — 24 Jahre — 24 Stunden. Und jetzt haben wir 1972 — fast halb vier“ (DO 186-A / 8. Okt. 72).

Alle Visionen und Offenbarungen sind nun in folgendem Zeitplan zusammengefaßt:

„(1) die Wiederherstellung des wahren Israel — der Kinder Gottes — fing 1968 oder 1969 an. (2) Wir sollten bald etwas über den Antichristen und seinen Aufstieg an die Macht hören und gewiß nicht später als in den frühen 80er Jahren. (3) Er würde daher den Bund ungefähr 1985 bekräftigen müssen. (4) 1985 würde daher der Anfang der 70. Woche von Daniel 9 sein. (5) Die würde die Letzten Sieben Jahre der Weltgeschichte und der Herrschaft des Antichristen sein. (6) Die Trübsal würde dann ungefähr gegen Ende des Jahres 1989 anfangen. (7) Der Herr würde dann genau 3½ Jahre später kommen, irgendwann während der ersten Hälfte von 1993! Halleluja!"

Berg warnt seine Anhänger aber, jetzt nicht loszugehen und zu erzählen, *er* hätte diese Daten vorausgesagt. „Ich habe es nicht getan — der Herr hat es getan!" Die Mahnung Jesu „Euch gebührt nicht zu wissen Zeit noch Stunde ..." (Apg. 1,7) fegt er mit dem Hinweis weg, daß es den Aposteln *damals* nicht gebührte, den Zeitpunkt der Wiederkunft Jesu zu wissen.

„Aber jetzt wird es erfüllt, daher ist es Sein Wille, daß wir es wissen. Ihr müßt es wissen, auf die das Ende der Erde gekommen ist. Das Ende ist *nahe!* Es wird *euch* geschehen. *Ihr werdet* durch genau diese Tage der Endzeit *leben.* Denn *ihr seid* die Letzte Generation! Ihr seid der erwählte Überrest der Kinder Gottes. Ihr seid die *Neue* Generation! *Jetzt* ist die Endzeit, von der all die Propheten sprachen" *(Kursiv* im Original. GP 156).

Im November 1973 gab David Berg eine Probe seines prophetischen Könnens, die allerdings nicht so überzeugend ausfiel. Nachdem der tschechische Astronom Loubos Kohoutek einen neuen Kometen entdeckt hatte (ihm zu Ehren "Kohoutek" genannt), durch dessen Auftauchen die Wissenschaftler zeitweilig negative Auswirkungen auf das Klima befürchteten, meldete sich auch Berg lautstark mit mehreren Briefen zum Thema „Kohoutek" zu Wort.

In dem Brief „40 Tage — und Ninive wird zerstört" (GP 280/ 12. Nov. 73), behauptete er, der Komet sei eine Warnung an die Welt, besonders aber an Ninive. „Und das einzige Ninive,

das überhaupt gemeint sein könnte, ist natürlich Amerika." Wenn die Leute in diesem „Ninive" Buße tun würden, hätte Gott ein Einsehen, wenn nicht, würde es eine große Zerstörung geben.
Gegenüber der Welt seien ja die „Kinder Gottes" im Vorteil, weil sie ein „Frühwarnsystem" hätten, nämlich den „Propheten Gottes". Und der sagte voraus: „Das ist das Ende. Entweder der 11. Januar oder der 21. oder der 31. Januar (1974). Irgendwann dazwischen wird Gott das moderne Ninive zerstören, das moderne Babylon und seinen König Richard — der Letzte" (= Nixon).
Der Komet „Kohoutek" ist, für das bloße Auge nicht sichtbar, ohne Auswirkungen an der Erde vorbeigezogen, und Amerika ist nicht zerstört worden. Es ist jedoch nicht bekannt, ob die Amerikaner Buße getan haben und somit den Untergang ihres Kontinents verhinderten.

Liebe, Sex und Ehe

Auch als „Prophet" ist David Berg den weltlichen Gelüsten nicht ganz abhold. „Ich gebe zu, daß ich des öfteren die Körper von Frauen eingehend betrachte, denn ich bin natürlich ein Mann, und die körperlichen und sexuellen Attribute einer Frau sprechen mich von Natur aus an."
In dem Brief „Revolutionäre Frauen" (GP 250/20. Juni 73), aus dem dieses Zugeständnis stammt, macht er sich ausführliche Gedanken darüber, wie sich stabile Frauen und zierliche Mädchen möglichst sexy kleiden, wo man „oben ohne" baden kann und welche Techniken die Mädchen anwenden sollten, um Männer zu verführen. „Ihr Körper muß einen Ausdruck haben, einen Ausdruck der Erregung, der Begierde und der Erwartung. Und der aufregendste Ausdruck einer Frau für einen Mann ist, wenn sie sich auszieht und ihre Beine kreuzt und sich irgendwie geschmeidig windet, und ein Bein am anderen reibt..."
Nachdem er in dem Brief „Dem Baby einen Namen geben" (GP 338/6. Febr. 75) die Mädchen mit kleinem Busen getröstet und ihnen versichert hat, „daß auch berglose Mädchen genauso süß und wunderschön sind, wie die mit größeren Bergen, genauso reizend und verlockend zum Streicheln (sie sind mädchenhafter)", hofft er: „Na, jedenfalls werde ich jetzt ein paar

mehr Nackt-Fotos von euch berglosen Mädchen bekommen, die vorher Angst hatten, sie mir zu schicken. Ich liebe euch!"
In anderen Berg-Werken wie etwa den Anleitungen zur Prostitution mit dem Titel „Flirty Fishing Handbuch" (DO 559) ist fast die unterste Talsohle der Pornographie erreicht.
Diese freimütigen Auffassungen von Liebe und Sexualität haben natürlich auch im Leben der Kolonien ihren Niederschlag gefunden. Ohne standesamtliche Trauung führen dort viele junge Leute eine sogenannte „prophetische Ehe". Der Generalstaatsanwalt von New York zitiert in seinem Bericht die Aussage eines ehemaligen Unter-Führers der Sekte:

> „Ehen werden von den Kindern Gottes „Verlobungen" (betrothals) genannt, und ich selbst habe 12 bis 15 dieser Verlobungen erlebt ... die Betroffenen wissen vorher nicht, mit wem sie verheiratet werden. Gewöhnlich ist es bei einer Verlobung so, daß sich alle Mitglieder der Kolonie versammeln. Dann herrscht Spannung, denn der Kolonieführer gibt bekannt, daß eine Verlobung stattfinden werde. Das einzige Problem besteht darin, daß es an dem Abend vier Verlobungen geben könnte, jedoch nur *ein* Paar weiß bereits vorher, daß es heiraten wird. Nun, nachdem das erste Paar kommt und schrilles Pfeifen ertönt, wird gefragt: ‚Will noch jemand anders sich verloben?' Dann kann ein Bruder aufstehen und irgendein Mädchen aufrufen, das noch allein ist, mit ihm nach vorne zu gehen. Ich weiß, daß bei diesen Gelegenheiten ziemlich großer Druck ausgeübt wird und es für ein Mädchen schwer ist, dieser Aufforderung nicht nachzukommen, auch wenn sie nicht verliebt ist oder diesen Jungen nicht mag."

Diese „prophetischen Ehen" helfen gewiß mit, David Bergs Sektenstatistik anzukurbeln. In dem DO-Brief 357 (11. Nov. 75) ermuntert er die Junggesellen: „So lange wir immer noch fast 1000 ledige Frauen haben, seid ihr 1500 Junggesellen ohne Entschuldigung! Na los, Jungs und Mädchen! — Da ist ein Weg, eure Statistik von neuen Jüngern zu erhöhen: Jedes Baby zählt! — Amen? Mehr von euch müssen sich an die Arbeit legen! Gott segne euch!"
In ihren monatlichen Berichten haben die Kolonien alle Verlo-

bungen und daraus resultierenden Geburten aufzuzählen, damit in der Gesamt-Statistik der „Neue Nation Nachrichten" stolz darauf verwiesen werden kann.
Es ist bezeichnend, daß Berg die Verbindungen seiner jugendlichen Anhänger nur „prophetische Ehen" oder „Verlobungen" nennt. Damit wird, trotz statistischer Wichtigkeit, der nur vorläufige und zweitrangige Charakter ausgedrückt: an erster Stelle kommt die Groß-Familie der „Kinder Gottes" und ihre Aufgabe, für die Ideen des Sektenführers Propaganda zu machen; erst dann dürfen sich private Beziehungen entwickeln, soweit sie sich nicht störend auf das Ganze auswirken.
Den Kirchenchristen wird in dem Brief „Eine Frau" (DO 249/28. Okt. 72) vorgeworfen, ihre Ehen und Familien über Gott zu stellen und damit zu vergötzen. Sechs Tage pro Woche widmen sie sich den Familien und nur am Sonntagvormittag versuchen sie, ihre „Ehe mit Gott" darzustellen. „Darum betonen wir die private kleine individuelle Ehebeziehung nicht so sehr, weil wir unsere Beziehung mit Gott und der ganzen Familie viel ernster nehmen." An diese Doktrin haben sich die „Kinder Gottes" zu halten. Sollte es da Schwierigkeiten geben, würde Berg nicht zögern, die jungen Leute wieder auseinanderzubringen und neue „revolutionäre Ehen" zu stiften.
Offiziell überläßt er es natürlich Gott selbst, in solchen Fällen einzuschreiten. „Gott bricht Ehen ab ... er nimmt Frauen, Männer oder Kinder weg, um Seine Braut (= die ‚Kinder Gottes') aufzubauen... Er ist der schlimmste ‚Auseinanderreißer' von allen. Gott ist der größte Zerstörer von Heim und Familie. Gott tut mehr, um Ehen zu zerbrechen als jeder andere."
Diese absurden Sätze müssen auch als Rechtfertigung herhalten, wenn junge Menschen aus ihren bisherigen Familien herausgeholt und in die Sekte eingegliedert werden.

„Die Revolutionären Regeln"

Im März 1972 hat David Berg 14 „Revolutionäre Regeln" aufgestellt, die sowohl Grundgesetz als auch Dienstanweisung und Begründung für die Bewegung der „Kinder Gottes" sein sollen. Die wichtigsten Aussagen seien hier als Dokument zitiert:

„(1) Die revolutionären Kinder Gottes gibt es seit langem, von Abel bis zu den Propheten, zusammen mit Jesus und seinen bärtigen, langhaarigen, barfüßigen Rebellen und deren Nachfolgern von damas bis heute ...
(2) Die revolutionären Kinder Gottes haben einen Aufstand der Jugend für die Wahrheit geführt, da wo die jungen Leute sind. In Teestuben und Kommunen in Kalifornien im Jahre 1968 fingen sie die Jesus-Revolution an, die die Welt überflutet ...
(3) Die Revolution der Kinder Gottes für Jesus hat in vielen Tageszeitungen Titelseiten-Schlagzeilen gemacht wegen ihrer ungewöhnlichen Aktivitäten im Bezeugen, wie z. B. Märschen, Demonstrationen, Streikposten, Sitzstreiks und Gerichtsverhandlungen, weil sie das Evangelium an ungewöhnlichen Orten vor überraschtem Publikum predigten ...
(4) Unsere revolutionäre Musik ist meistens von uns selbst unter Inspiration komponiert ... Keine Orgelwiegenlieder für die Toten! Wir haben den Krieg des Geistes erklärt gegen des Systems gottlose Schulen, christlose Kirchen und herzlosen Mammon. Wir hoffen, die Verschmutzung und Zerstörung der Erde durch die Welt der schlimmsten Rebellen aller Zeiten aufzuhalten — die Generation, die uns gezeugt hat — unsere Eltern! ...
(5) Die radikalen Lehren und Taktiken von uns christlichen Revolutionären sind aus unserem revolutionärem Handbuch, der Bibel ...
(6) (Hier folgt eine Reihe von Bibelversen.)
(7) Die Voraussetzungen für einen christlichen Revolutionär müssen deshalb streng sein. Er ‚muß wiedergeboren sein', ‚eine neue Kreatur' und ‚nicht dieser Welt gleichgestellt' ... Er muß ‚allem absagen' und ‚in alle Welt gehen, um das Evangelium zu predigen' ... Er muß frei von Schulden, Abzahlungen und Familien- oder gesetzlichen Verpflichtungen sein ... Jeder, der nicht volljährig ist, muß die schriftliche Erlaubnis seiner Eltern haben. Gesundheit ist ebenfalls wichtig. Die Schwachen oder Behinderten könnten dieses Leben als zu hart empfinden. Wir sind Soldaten des Kreuzes.
(8) Die Disziplin der Jesus-Revolutionäre verlangt unbedingten Gehorsam gegenüber denen, die die Leitung haben ... Alles

tue frisch: Pflichten, Studium, Bezeugen, Teilen, Gebet, Loben, Opfern ... Du mußt schnell und ohne Fragen zu stellen, deinen Vorgesetzten im Herrn unbedingt gehorchen, wenn du ein Mitglied dieses Teams bleiben willst ...

(9) Die Regeln der Revolutionäre sind streng: nimm an allen Klassen und Versammlungen teil, studiere und gehe bezeugen, übe deine Pflichten treu aus, steh' auf, wenn du geweckt wirst und geh' schlafen, wenn das Licht ausgeht ... kein Rauchen oder Schmusen und auf keinen Fall mit einem Mädchen ausgehen ... Gehe nirgendwohin ohne Erlaubnis, und Abwesenheit vom Bibelstudium, von Pflichten oder vom Bezeugen darf nur im Notfall geschehen, mit ausdrücklicher Erlaubnis des zuständigen Leiters. Abwesenheit ohne Erlaubnis wird als Desertieren deines Postens angesehen ...

(10) Die Stunden der Revolution sind anstrengend und ändern sich entsprechend den örtlichen Kampfverhältnissen. Da ein großer Teil unserer Arbeit nachts getan wird, gewöhnlich zu sehr späten Stunden, ... sollten deine Morgen im allgemeinen dir gehören für Schlaf, Gebet und Bibelstudium und persönliche Pflichten, mit Frühstück am späten Vormittag (kein Mittagessen), Unterricht oder Bezeugen am Nachmittag, Abendessen um 6, Versammlungen oder Bezeugen am Abend ... Es gibt keine freien Tage, außer einigen Samstagen.

(11) Das Verhalten des Revolutionärs ist still, ordentlich, gehorsam, fröhlich, bereitwillig und treu ... Alle müssen 1. Kor. 13 auswendig lernen und praktizieren. Auf dem Feld ist sofortiger Gehorsam absolut erforderlich, denn das Wohlbefinden und die Sicherheit deiner Kameraden stehen auf dem Spiel. Gehorche den Gesetzen und den Beamten des Gesetzes ... Halte nicht an, um zu argumentieren! Wir zahlen keine Kautionen — du wirst deine Zeit absitzen müssen.

(12) Die Ausrüstung, Uniform und das Aussehen eines Revolutionärs hängen größtenteils vom Kampffeld ab. ‚Den Juden ein Jude' ... ‚den Hippies ein Hippie' ... Du wirst dich also den Feldverhältnissen entsprechend ändern — auf Befehl, wenn notwendig — ohne Streit und sinnlose Diskussionen ... Ein kleiner Koffer oder eine Tasche, 6—8 cm Kleidung zum Aufhängen, Bibel, Notizbuch, Kugelschreiber, mit einem Mantel und deinem Schlafsack ist das äußerste an Gepäck.

(13) Die Anschrift des Revolutionärs ist immer ungewiß, darum ist Post an deine Heimatkolonie zu schicken, und sie wird dir durch den Sekretär nachgeschickt falls du umziehst. Informiere das Büro so bald wie möglich ... Schreibe deinen Eltern oft über deinen Aufenthaltsort und deine Tätigkeiten, auch wenn sie feindlich sind ...

(14) Um ein Revolutionär für Jesus zu werden, mußt du diese ... Regeln gebetsvoll studieren und lernen, akzeptieren und versprechen, ihnen zu folgen, bevor du dich uns anschließt. Du wirst freiwillig und freudig all deine weltliche Habe deiner örtlichen Kolonie beitragen, um sie mit deinen Schwestern und Brüdern zu teilen ... Du wirst nichts vor dem Herrn zurückhalten, auf daß du nicht das Schicksal von Ananias und Saphira in Apostelgeschichte 5 teilst. Dir werden diese Dinge auch nicht zurückgegeben, denn du hast sie ‚dem Herrn und nicht den Menschen' gegeben ... Du wirst dich freudig einer Durchsuchung deiner Person und deiner Sachen nach Drogen und anderen Dingen, die in unseren Kolonien nicht erlaubt sind, unterwerfen. Du bist frei jederzeit zu gehen, aber informiere bitte deine Ältesten über irgendwelche Fragen. Wir möchten, daß du gesund und glücklich Jesus dienst" (‚Revolution für Jesus', S. 27—31).

Mission: „Bezeugen" und „Ernten"

Ausgerüstet mit Beuteln voller MO-Briefe gehen die „Kinder Gottes" auf Mission. In den Fußgängerzonen der Großstädte „bezeugen" sie zu einzelnen Menschen, weil David Berg meint, daß „Massenevangelisationsversuche" nichts bringen.

Angesprochen werden junge Leute zwischen 18 und 30 Jahren; bei der älteren Generation rechnet man sich keine Chancen aus. Die seien mit dem Leben und der „heuchlerischen" Gesellschaft zufrieden. Um die Jungen aber, die noch nach geistigen Werten suchen und das „geldhungrige, wissenschaftsanbetende, weltverschmutzende kirchliche System hassen", um die sollte man sich kümmern. „Sie sind unser Hauptziel, die wir mit unserem guten Beispiel zu erreichen versuchen, um sie vom System zu erretten" (‚Bezeugen — Handbuch für Menschenfischer' / Mai 75, S. 4).

Wichtig ist zunächst, daß die Angesprochenen den Eindruck gewinnen, über diese jungen Missionare könnten sie mit Gott in Verbindung treten. Dazu sollen die „Kinder Gottes" „Kontaktpunkte aufbauen", also Themen für ein Gespräch suchen. „Du bist ein geistiger Arzt, ein Herzspezialist. Verschreibe nicht blindlings Arzneimittel, ohne zuerst herauszufinden, was deinem Patienten fehlt."

In der „Grundlektion über das Bezeugen" werden ein paar praktische Anweisungen zur Gesprächsführung auf der Straße erteilt:

> „Stell dich vor. Stelle gezielte Fragen. Bleibe in der Offensive, nicht in der Defensive. Komme zum Kern der Sache: ‚Was hältst du vom Leben? — Glaubst du an Gott?' Höre den Antworten zu. Laß sie reden. Merke auf das, was sie sagen. Merke auf das, was sie nicht sagen. Merke auf das, was Gott und Sein Wort über sie sagen ... Sei ein Beispiel, keine Predigt: Gib ein persönliches Zeugnis. Erkläre, daß das Christentum kein Zwangstrip oder Perfektionismus ist, wie die meisten Menschen durch das Christentum zu glauben verleitet worden sind ... Studiere in der Bibel die Zeugnis-Techniken von Jesus und seinen Aposteln ... Verschwende keine Zeit mit Menschen, die nicht aufnahmebereit sind. Wenn sie weder dich annehmen, noch deinen Worten zuhören, versuche es nicht ihre Kehle hinabzuwürgen — GEH WEG! Wenn Verfolgung aufkommt — FLIEHE!" (‚Revolution für Jesus', S. 71).

Während sie die Leute ansprechen, verteilen die „Kinder Gottes" auch ihre MO-Briefe. Denn diese sind ja, wie schon erwähnt, die eigentlichen „Prediger" beim Missionieren. Also müssen sie in großen Mengen auf die Straße. „Witnessing" (= Bezeugen) und „Litnessing" (= Literatur verteilen) gehören eng zusammen. Pro Woche und Jünger sollen, nach den im Dez. 75 festgelegten Quoten, mindestens 700 Stück gegen Spende abgegeben werden.

Der „Publications Staff" (London) mahnte am 1. Okt. 73 in einem Brief an alle Kolonien, beim Verteilen aber größte Vorsicht walten zu lassen. Die Themen einiger MO-Briefe (Politik, Sex, Religion) seien nicht unumstritten, und in verschiedenen „konservativen" Gegenden hätte man schon Schwierigkeiten damit gehabt. Durch einen scharfen Sex-Brief sollte nicht das Verteilen von tausend anderen harmlosen Briefen gefährdet werden.

Wie auch immer: „Witnessing“ und „Litnessing“ sind letztlich nur Durchgangsstationen vor dem Ziel, die „Ernte“ einzubringen, d. h. neue Mitglieder zu werben. „Geistig gesehen, umwirbst du im Geist jeden, zu dem du bezeugst und dies ist das Endergebnis und das größte Ziel des Seelenwerbens: ein neugeborenes Baby in der Familie Gottes“ (‚Bezeugen‘, S. 10).

Die Bilder vom „Ernten“ oder auch vom „Fischen“ gefallen David Berg so gut, daß er sie häufig zum Ansporn seiner „Kinder Gottes“ gebraucht. „Verteilt nicht nur Literatur und sät den Samen, sondern bringt auch die Ernte ein, gewinnt Seelen und bringt neue Jünger in die Familie“

(DFO 328-B / 18. Febr. 75).

Die jungen Missionare dürfen alle Möglichkeiten einsetzen, zu locken, zu überreden oder zu verführen. Sie sind quasi die „Köder an der Angel“, die der „Fischer Gottes“ (Berg) ins Wasser hält. „Seid ihr gewillt, der Köder an Gottes Angelhaken zu sein? Wollt ihr für Jesus alles tun, um eurem Fischer zu helfen, Menschen zu fangen? ... Und vergeßt nicht: es gibt verschiedene Arten von Köder! — Einige Fische mögen Fleisch, einige Verstand, einige Schönheit, einige Geist, und einige alles zusammen. Benutzt den richtigen Köder für den richtigen Fisch!“ (DFO 293 / 3. Jan. 74).

Ehemalige Mitglieder haben bestätigt, daß diese „Angel“-Methode mit dem Namen „Flirty Fishing“ (= Prostitution) klappt.

Das Leben in der Kolonie

Hat sich ein Jugendlicher auf der Straße davon „überzeugen“ lassen, daß an den „Kindern Gottes“ etwas dran sein könnte, hat er sie abends in ihrer Kolonie mehrmals besucht und sich dann entschlossen, der Kommune beizutreten, dann ändert sich sein Leben von diesem Augenblick an völlig. Der Ideologie des David Berg folgend („Sie müssen mögen was sie sehen und auf's Ganze gehen und auf der Stelle ihre Brücken hinter sich abbrechen“, DFO 334-A / 22. April 75) gibt er Beruf bzw. Berufsausbildung auf, verläßt Elternhaus und Freunde und bringt sein persönliches Eigentum restlos in die neue Gemeinschaft ein.

Um den Bruch mit seinem bisherigen Leben deutlich zu markieren, legt er seinen „System"-Namen ab und wählt sich einen biblischen. Aus einem Karl-Heinz wird plötzlich ein „Josua", „Gideon" oder „Barach"; aus einer Bärbel „Deborah" oder „Esther".

Die Menschen, die Jesus in seine Nachfolge rief, behielten ihre Namen, und das Alte Testament kennt nur wenige Namensänderungen. Deshalb wird in dem Bericht des New Yorker Generalstaatsanwalts auch vermutet, daß dies bei den „Kindern Gottes" in erster Linie geschieht, um die wahre Identität zu verschleiern und die jungen Leute vor „Nachstellungen" der Eltern und Behörden zu schützen.

Dies könnten die Anweisungen David Bergs bestätigen, die er seinen Anhängern für den Fall gegeben hat, daß sie nach ihrem bürgerlichen Namen gefragt werden.

> „,Was ist dein gesetzlicher Name?' — Mein Bibel-Name ist Bildad. — ,Ich meine dein wirklicher Name?' — Das ist mein wirklicher Name, ich habe ihn mir gewählt. Bin ich nicht in der Lage, meinen eigenen Namen zu wählen? Sind wir nicht ein freies Land? Warum sollte ich jemand anders einen Namen für mich aussuchen lassen? —,Ich meine deinen Geburtsnamen?' — Ich erinnere mich nicht mehr. Das ist zu lange her. — ,Ich meine den auf deiner Geburtsurkunde?' — Was für eine Geburtsurkunde? Ich sagte Ihnen schon, mein Name ist Bildad; das ist alles, was Sie zu wissen brauchen" (LO 142 / 24. Nov. 71).

Bei der Aufnahme eines neuen Jüngers füllt der Kolonie-Sekretär für diesen einen Fragebogen aus, von dem ein Durchschlag an den zuständigen „Ratgeber des Königs" geht. Gefragt wird unter anderem nach den früheren Tätigkeiten, dem gesundheitlichen Zustand („Tuberkulose, Herzbeschwerden, Geisteskrankheit, Heufieber, Nervenleiden . . ."), den sprachlichen und künstlerischen Fähigkeiten, nach Schulden oder irgendwelchen Vorstrafen und nach dem persönlichen Eigentum, einschließlich der Erbschaften. Der Fragebogen enthält folgende Verpflichtung: „Versprichst du ernsthaft, unsere Literatur zu verteilen, über die Ergebnisse zu berichten und unseren Leitern zu gehorchen?

— Hast du die ‚Revolutionären Regeln' gelesen und versprichst du, ihnen zu gehorchen?"

Der Tag in der Kolonie beginnt gewöhnlich um 7.00 oder 7.30 Uhr. Nach dem meist reichlichen Frühstück wird ein Bibelvers gelesen und besprochen. Anschließend gehen einige zum „Litnessing", andere, besonders die Neuen, werden in MO-Ideologie unterrichtet (Babes' Classes). Zwischen MO-Brief-Lesen und Verse-Auswendiglernen fällt ihnen noch die Aufgabe des Hausputzes und Kochens zu. Nach dem Mittagessen steht ab etwa 15.00 Uhr „MO-Letter Study Time" und ab 17.00 Uhr „Witnessing" auf dem Programm. Abends kümmert man sich um eventuelle Gäste, singt und liest gemeinsam MO-Briefe („Inspiration" genannt).

Tagsüber soll die Kolonie gut bewacht werden. „Habt alle Eingänge im Auge und hütet euch vor Fremden. Gebt nicht mehr Informationen als unbedingt nötig. Wenn irgend etwas verdächtig ist, ruft einen Leiter. Laßt nie jemanden hinein, der nicht dort wohnt, es sei denn, ihr habt euch über seine guten Absichten vergewissert" (DFO 274-A / 16. Okt. 73).

Jeder Tag in der Kommune vergrößert für den neuen Jünger den Abstand zum früheren Lebensstil. Er ist nun keinen Augenblick mehr allein, um seine Eindrücke und Erfahrungen zu beurteilen und zu verarbeiten. David Berg rät seinen Unter-Hirten dieses „Buddy-System" (etwa „Kumpel-System") auf Anfrage so zu begründen: „Wir gebrauchen das Buddy-System nicht, damit wir sie am Weglaufen hindern, sondern um ihnen ein bruderschaftliches oder schwesterschaftliches Gefühl zu geben, ihre Fragen zu beantworten und ihnen zu helfen, sich an unsere Lebensart zu gewöhnen" (LO 142). Fragen nach dem Wieso und Warum werden jedoch nicht im üblichen Sinne beantwortet, sondern mit Bibelversen und MO-Zitaten abgeblockt. Es darf eben keine kritische Auseinandersetzung um die Person David Bergs, seiner Lehre oder Organisation geben.

In dieser Atmosphäre ständiger Überwachung des Tuns, Indoktrination des Denkens und Manipulation des Willens wird die eigene Persönlichkeit schließlich so weit verändert, bis sie nur noch als gut geöltes Rädchen in Bergs großem Räderwerk funktioniert. Diese fast lückenlose Kontrolle und Beeinflussung kann jedoch nicht verhindern, daß immer wieder einige dem

Leben in den Kolonien entkommen. Berg weiß, was in solchen Fällen passiert: „Schafe, die weglaufen und *ihren* Willen durchsetzen ... und den Hirten nicht folgen, werden nicht geweidet! Diejenigen, die weglaufen und sich in den Bergen verirren und von Dornen erstickt und von Wölfen zerrissen werden, sind selber Schuld“ (LTO 331-B / 2. März 75).

Nicht ganz so blumig lesen sich die Aussagen von Ehemaligen, die den Psychoterror in den Kolonien der „Kinder Gottes“ dafür um so schärfer beleuchten:

> „... zwei Älteste kamen zu mir, um mein Weggehen zu verzögern; dabei drohten sie mir durch das Erzählen von Geschichten. Zum Beispiel, daß ein Paar die Jünger Jesu verlassen habe und danach Lepra bekam und starb ... Sie sagten mir, ich werde sterben, weil ich Jesus verlassen habe. Meiner Familie würde etwas zustoßen, und Jesus würde mich für den Rest meines Lebens jagen.“ — „... sie sagten mir immer wieder, daß ich (mit dem Weggehen) einen Fehler machte und Jason sagte, Gott würde keines meiner Gebete mehr erhören, wenn ich weggegangen wäre. Er sagte, er kenne Leute, die geisteskrank geworden wären und die tot umgefallen sind oder Verkehrsunfälle gehabt hätten, nachdem sie die Childen of God verlassen hätten“ (Bericht des NewYorker Staatsanwalts).

Die Sektenführer nehmen sich nicht nur das Recht, die Persönlichkeit ihrer „Schafe“ zu kontrollieren, sondern auch deren noch bestehende Kontakte nach draußen, im wesentlichen also die Post- und Telefonverbindungen zu Eltern und Freunden.

So muß jedes ankommende Gespräch zusammen mit dem Namen des Anrufers und dem Zweck des Telefonats in ein „Log-Buch“ eingetragen werden. Wer von der Kolonie aus seine Eltern anrufen möchte, braucht dazu die Erlaubnis des Kolonie-Hirten. Selbstverständlich begleitet ihn dann jemand zum Telefon.

Die eingehende Post wird von den Hirten abgefangen und geöffnet, was keine Schwierigkeiten bereitet, da alle Kolonien über Postfachadressen verfügen. Auch die ausgehenden Briefe laufen über den Tisch des örtlichen Leiters. Neulinge erhalten regelrecht Unterricht im Briefeschreiben. Dazu gab Jane Berg („Mother Eve“) in einem Rundschreiben vom 1. März 73,

Thema: „Briefe nach Hause", einige Tips. Die Jünger sollen über ihr gutes Befinden, über das Wetter und die Umgebung ihres Missionsgebietes ausführlich berichten und das Ganze mit Bibelversen und MO-Zitaten anreichern. Dann geht es um Gegenstände des täglichen Bedarfs, um die in den Briefen gebeten wird, besonders aber um Bargeld. „Ermutigt doch eure Eltern, an uns regelmäßige Zuwendungen zu machen, so wie sie es bei einer Kirche oder Wohlfahrtsorganisation tun." Die Übernahme von Reisekosten, Zahnbehandlungen, Brillen und ärztlicher Hilfe bei Schwangerschaften ist ebenfalls hochwillkommen.

Die Doktrin „allem absagen"

Wie schon erwähnt, ist es von Anfang an das Ziel David Bergs gewesen, die Mitglieder seiner Sekte radikal von ihrer bisherigen Umwelt zu trennen und aus den sozialen Bezügen Elternhaus, Berufs (-ausbildung) und Freundschaften herauszureißen.
Der Einstieg in die Sekte geschieht in zwei Schritten, wobei die Doktrin „allem absagen" eine wichtige Rolle spielt. Erster Schritt: dem neuen Mitglied wird der gerade verlassene Lebensbereich, das „System", solange dämonisiert und verteufelt, bis es der „eigenen" Überzeugung ist, daß der Anschluß an die „Kinder Gottes" die einzige Rettung war.
Zweiter Schritt: Der Neue muß nun als Zeichen seiner „echten" Hingabe an Gott „allem absagen", d. h. seine Habe, Wertgegenstände und Bargeld restlos der Sektenführung aushändigen. Das geschieht zum einen, damit die Kolonien neben dem Literaturverkauf (sie behalten einen großen Teil des Erlöses) eine Erwerbsquelle haben; zum anderen soll dem neuen Jünger alles genommen werden, was ihn bewegen könnte, die Gemeinschaft eines Tages wieder zu verlassen.
In einem geheimen LO-Brief vom Okt. 71 (Top Leaders Only!) heißt es (Blatt 3/4):

> „Seid sicher, daß ihr lest, was sie (die Neuen) schreiben und achtet auf solche Dinge, wie: ‚Liebe Mutti, ich habe mich den Kindern Gottes angeschlossen und will Dich und Vati nie wiedersehen.' Solche Feststellungen machen die Eltern nur wütend. Oder: ‚Packt meine Sachen zusammen;

ich möchte auch Vatis Auto und die Schallplatten von zu Haus, damit ich alles den Kindern Gottes geben kann!' Ihr solltet zur Kenntnis nehmen, daß wir mehr daran interessiert sind, die *Kinder* zu kriegen als ihre *Habe. Jedoch* gehört auch das andere zu *Gottes Wirtschaftsprogramm.* Sie müssen *uns alles* geben, *damit sie nichts haben, wohin sie zurückkehren können;* Apostelgeschichte 5 bleibt Apostelgeschichte 5" (*Kursiv* im Original)!

Der Text Apostelgeschichte 5 scheint ein wichtiges Werkzeug zu sein, wenn es darum geht, den neu Beigetretenen unter Drohungen ihre Habe abzunehmen. In dem Schulungsheft „Revolution für Jesus" deutet Berg dieses Kapitel für seine Anhänger so: „Die Folgen, Geld von der Bewegung zurückzuhalten, sind die schweren Strafgerichte Gottes — in diesem Fall: TOD!" (S. 25). Mit Hilfe dieses neutestamentlichen Textes und seiner verzerrten Auslegung wird eventuell Zögernden so viel Angst eingeflößt, daß sie es nicht mehr wagen, ihre Habe und ihr Geld *nicht* vollständig an die Leiter der Sekte abzuliefern.

Theoretisch fordert Berg zwar, daß Interessenten die 14 „Revolutionären Regeln" vor ihrem Beitritt lesen, um sich erst dann zu entscheiden. Die meisten erfahren jedoch erst später von diesen Grundsätzen, wenn sie seelisch nicht mehr in der Lage sind, eine echte Entscheidung zu treffen. Als Zeichen ihrer „Ernsthaftigkeit" wird dann die Doktrin „allem absagen" angewandt. Berg hält seine Unterführer dazu an, mit dem Interessenten eingehend zu reden, dessen nächster Schritt dann ist, „nach Hause zu gehen und all sein Zeug und sein Bankkonto und sein Geld und alles zu holen und es dann an Ort und Stelle zu übergeben" (DFO 334-A / 22. April 75).

Dem Autor liegt das Protokoll einer Familie vor, deren Sohn sich aus den Händen der „Kinder Gottes" befreien konnte. In den Aufzeichnungen vom Januar 76 wird der Besuch des Sohnes (F.), begleitet vom Kolonie-Hirten (B.) mit Frau (D.), bei den Eltern geschildert. Hier ein Ausschnitt:

„Sohn, B. und D. kommen. Sie wollen uns davon überzeugen, wie schön doch alles sei und was sie alles Gutes vollbringen würden.

D.: ‚Ihr Sohn wird bestimmt noch ganz berühmt, und wir werden stolz auf ihn sein'.

Wir: ‚Sie haben doch kein Einkommen, keinen Beruf. Wovon leben Sie?'
D.: ‚Wir sind Missionare, leben sehr gut, unser Essen ist reichlich, Jesus und Gott sorgen für uns! ... Es gibt so viele Menschen, die uns unterstützen, uns sogar Häuser schenken ...'
Wir (zum Sohn): ‚Das ist alles ganz gut und schön dargestellt. Trotzdem halten wir es nicht für richtig. Du kannst dich doch in deiner Freizeit engagieren und im Sinne unserer Kirche arbeiten und von deinem erarbeiteten Lohn die Not lindern. Die Kirche braucht solche Menschen wie dich.'
Sohn: ‚Nein, das kann ich nicht. Das ist die weltliche Kirche, die sich die Menschen selbst geschaffen haben. Der B. und die D. haben gesagt, daß ich mich von dem Weltlichen trennen muß und alles, Geld und Sparbücher, auch alles, an dem mein Herz hängt, an die Kinder Gottes, an B. und D. abgeben muß. Auch alle Verträge und Versicherungen muß ich lösen. B. und D. haben gesagt, Gott verlangt das von mir, weil ich jetzt Jesus in meinem Herzen habe und ihm ganz gehören muß. Sonst wird er mich verdammen oder vernichten.'
Der B. und D. pflichteten ihm bei und sagten zu uns: ‚Der F. hat das richtig erkannt und muß sich von allem trennen und seinen Besitz und alle persönlichen Dinge an uns abgeben, das nennt man [einbringen]!'
Unser Sohn machte während des Gesprächs den Eindruck, als wenn er unter Zwang (Hypnose, Trance, Drogen) stünde. Seine Stimme war verändert, die Augen ausdruckslos und seine Bewegungen fahrig ... Er machte den Eindruck eines Hörigen. Die D. sah ihn ab und zu scharf an. Dann stand unser Sohn plötzlich auf, als wenn er einen Befehl erhalten hätte und ging in sein Zimmer. Kurz darauf rief er mich und sagte: ‚Ich habe meine Sparbücher (ca. 12 000 und 1000 DM), Leica, Rechencomputer ... an mich genommen.' Mein Bemühen, ihn von der Mitnahme der Sparbücher abzubringen, war aussichtslos. B., der sich auch einmischte, unterstützte ihn in seinen Ansichten. Seine Arbeitspapiere, Versicherungskarten und ein Postsparbuch hatte er nicht finden können. Diese Papiere nahm ich dann an mich."
Eine wichtige Anweisung an die Hirten lautet, die Gelder und Wertgegenstände nicht mehr herauszugeben. „Macht es klar,

daß sie es für immer aufgegeben haben und sogar, wenn sie nicht bleiben, haben sie es gegeben und können es nicht zurückbekommen . . . Wir werden keine Rückzahlungen machen" (DFO 334-A).
Zur Zeit scheint die Sekte wohl in erster Linie vom Verkauf der MO-Briefe zu leben. Dennoch gilt weiterhin, was Berg mit seiner Deutung des Kapitels 4 der Apostelgeschichte quasi als Gesetz festgelegt hat: „Sie verkauften sogar Ländereien und Häuser und legten das Geld zu Füßen der Leiter . . . Das war der Finanzplan der Urkirche. Es KLAPPT HEUTE! Daher kommt das Geld — NEUE JÜNGER! Aus diesem Grunde ist es unmöglich für uns, aufzuhören zu wachsen. Wir müssen wachsen, um finanziell stabil zu bleiben" (‚Revolution für Jesus', S. 25).

DRITTER TEIL

Reaktionen der Öffentlichkeit

In den USA haben die „Kinder Gottes" von Anfang an durch ihr ungewöhnliches Verhalten für Schlagzeilen gesorgt, während sie in der deutschen Presse in den ersten zwei, drei Jahren ihrer Existenz nur im Zusammenhang der allgemeinen Jesus-Bewegung mit genannt wurden.
Das änderte sich jedoch, als das ZDF am 5. März 72 in der Sendung „Kinder Gottes — Vorsicht!" über kriminelle Handlungen berichtete, die von führenden Mitgliedern dieser Sekte in den USA begangen worden sein sollten. Eltern hatten Anzeige wegen Verschleppung ihrer Kinder erstattet, und staatliche Behörden fühlten sich durch Falschaussagen und Urkundenfälschungen getäuscht. Das undurchschaubare Finanzgebaren der Gemeinschaft ließ Ungesetzliches vermuten.
Seitdem wird auch in den deutschen Massenmedien häufiger über die Schattenseiten dieser Sekte informiert, wobei die Titel publikumswirksam formuliert werden: „Kampf den religiösen Multis!", „So arbeiten die freundlichen Verführer", „Die neuen Rattenfänger", „Das Geschäft der Sekten mit jungen Seelen",

„Die Fallen der falschen Propheten", „Messias-Manager machen mobil", usw.
Die Veröffentlichung der New Yorker Untersuchung am 30. Sept. 1974 bildete einen Höhepunkt der Reaktionen auf die Tätigkeit der „Kinder Gottes".

Die Gegenreaktion von David Berg ließ daher auch nicht lange auf sich warten. Nur vier Wochen später, am 3. Nov. 74 gab er seinen Brief „Die Wahrheit — Gegen 112 offizielle Lügen" (GP 317) heraus, in dem er rundweg alle Vorwürfe als lügenhaft abstritt. „Obwohl wir uns also im allgemeinen nicht gerne mit den üblichen Lügen und dem betrügerischen Gossengewäsch unserer Feinde die Finger schmutzig machen oder unseren Verstand damit verseuchen, mag es für einige von euch eine Hilfe sein, wenn wir die Sache klar darlegen ... Die erste Frage, die euch wahrscheinlich gestellt wird, ist natürlich: Sind irgendwelche dieser Anklagen tatsächlich wahr? — Und die Antwort lautet: Natürlich nicht! ... Denn sie können keine einzige der Anklagen, die sie gegen uns erhoben haben, beweisen ..."
Nach Bergs Meinung sei dieser Bericht nur geschrieben worden, damit der Gouverneur von New York wiedergewählt würde; außerdem hätten sich nur ganz wenige Eltern und einige verärgerte Ex-Mitglieder zu manipulierten Aussagen bereitgefunden. Während die „Kinder Gottes" die „Wahrheit" in Form der MO-Briefe millionenfach verbreiteten, sei der „Lügenbericht" nur in einer kümmerlichen Auflage von 250 Stück erschienen.
Inzwischen sind in der Bundesrepublik Stimmen laut geworden mit der Forderung, die angebliche Gemeinnützigkeit der „Kinder Gottes" zu überprüfen und besonders das Sammeln von Spenden in den Fußgängerzonen im Auge zu behalten.
Der Innenminister von Nordrhein-Westfalen machte den Anfang und wies in einem Brief vom 9. Juli 76 die fünf Regierungspräsidenten des Landes an, den „Kindern Gottes" „mangels Zuverlässigkeit der Veranstalter" keine Sammelerlaubnis zu gewähren. Gegen unerlaubte Sammlungen sollten die Kreisordnungsbehörden auch dann einschreiten, wenn die Verantwortlichen des Vereins (wie bisher in allen Fällen) nicht zu ermitteln seien. „Die Sammlungserträge sind in diesen Fällen einzuziehen, weil die Vereinigung und die sie tragenden Per-

sonen keine Gewähr dafür bieten, daß die Spenden, wie behauptet, einem gemeinnützigen oder mildtätigen Zweck zugeführt werden."

Elterninitiativen „pro" und „contra"

Die Beurteilung der „Kinder-Gottes"-Aktivitäten in den USA durch betroffene Eltern ist nicht ganz eindeutig. Wie bei anderen religiösen Phänomenen und Problemen auch, gibt es hier gegensätzliche Meinungen.
Seit Anfang der 70er Jahre sammelt eine Gruppe unter dem Namen „Thankful Parents and Friends of the Children of God - ThankCOG" (= Dankbare Eltern und Freunde der Kinder Gottes) solche Eltern, die an der Bewegung der CoG endlich die guten Seiten sehen wollen „nachdem so viel Böses über sie verbreitet worden ist". Man bewundert also die angeblichen Bibelkenntnisse der jungen Leute, ihr Vertrauen auf Gott bei der Beschaffung des Lebensunterhaltes, ihr ständig „strahlendes Lächeln" und das „Predigen des Evangeliums". Anderslautende Presseberichte werden als „Gerüchte" und „Hetze" abgetan, geschrieben von feindlichen Journalisten, die nicht richtig informiert seien.
Ein Elternpaar teilte „ThankCOG" mit, daß sich seine Tochter unter dem Einfluß der „Kinder Gottes" von einem schwierigen, unreifen und flatterhaften zu einem aufrichtigen und fröhlichen Mädchen entwickelt hätte. „Wir haben die ‚Kinder Gottes' unterschätzt, oder anders ausgedrückt: Wir hatten enorm wenig Vertrauen auf unseren Herrn."
Eine Mutter: „Diese jungen Leute erreichen jene Jugendlichen, die bisher noch keiner erreicht hat... Ich danke Gott täglich für das was die Children of God für mein Kind getan haben. Ich bin so dankbar, daß es Liebe und Verstehen zwischen uns gibt und daß ich ihren wunderbaren Glauben an Gott und ihren Wunsch, ihr Leben in Seinen Dienst zu stellen, bezeugen kann" (Zitiert aus ‚Thank-COG'-Rundbriefen).
Eine ganze Reihe von Eltern kann allerdings nicht in diesen Jubelchor einstimmen, da ihre Erfahrungen mit der Jugend-Sekte wesentlich schlechter sind. 1971 gründeten sie unter Führung des ehemaligen Marinekommandeurs William Rambur

eine Elterngemeinschaft mit dem Ziel, ihre Kinder aus der Gewalt der Sektenführer zu befreien und sie in ein normales Leben zurückzubringen. Dementsprechend nannten sie ihre Gruppe „The Parents Committee to Free Our Sons and Daughters from the Children of God Organization - FREECOG" (= Elternkomitee zur Befreiung unserer Söhne und Töchter aus der Organisation der Kinder Gottes).

Am 12. März 73 schrieb das Nachrichtenmagazin „Newsweek", daß sich immer mehr „FREECOG"-Eltern in ihrer seelischen Not an einen farbigen Methodisten namens Ted Patrick wandten, der anbot, mit Hilfe seiner „Deprogramming" (= Entprogrammierer) Methode „Gotteskinder" von ihrem Glauben abzubringen.

Von kritischen Beobachtern, vor allem von Staatsanwälten wurde dieses Vorgehen jedoch als ungesetzlich bezeichnet, da es sich dabei um ein Gegen-Kidnapping handelte. Die „Opfer" wurden zunächst von den Eltern zu einem Essen eingeladen, danach mit Gewalt in ein Auto gezerrt und in ein weit entferntes Hotel gebracht. Dort wandte Patrick bei den jungen Leuten eine Art Schocktherapie an. Ein Journalist, der bei solch einer Behandlung zugegen war, erzählte, daß dieser einem Mädchen der „Kinder Gottes", das wie in Trance ständig „Lobet den Herrn!" murmelte, die Bibel aus der Hand riß und es anschrie: „Du dienst nicht Gott, sondern dem Teufel!" Anschließend versuchte er, mit Bibelzitaten die unbiblische Lehre David Bergs zu beweisen.

Solch ein „Kampf um junge Seelen" kann sicher nicht gebilligt werden, auch wenn man versteht, daß nicht Unmenschlichkeit, sondern Verzweiflung die Eltern zu diesen harten und ungewöhnlichen Mitteln greifen läßt.

In Greensboro in Nord-Karolina / USA formierte sich im Februar 76 ein Schutzbund, der die Öffentlichkeit über die Gefährlichkeit der neuen Jugend-Kulte aufklären will. Die Versammlungsleiterin meinte: „Wir erleben die größte Ausbeutung junger Menschen seit den Zeiten der Hitlerjugend. Es geht den Sektierern nicht um die Errettung, sondern um die Versklavung der Jugendlichen."

Seit September 75 gibt es auch in der Bundesrepublik eine „Elterninitiative zur Hilfe gegen seelische Abhängigkeit und religiösen Extremismus" mit Sitz in München (Postfach 874). Ihre Aufgabe sieht die Initiative darin, „Eltern und Jugendlichen Hilfe zu leisten, von der Bevormundung durch religiöse Extremgruppen frei zu werden. In erster Linie richtet sich die Arbeit des Vereins an jenen Personenkreis, der durch die ‚neuen Jugendreligionen' betroffen ist" (Satzung § 2).

Beurteilung aus christlicher Sicht

Bei den „Kindern Gottes" handelt es sich nicht um eine christliche Gemeinschaft junger Leute im herkömmlichen Sinne, wie etwa CVJM, Kolpingjugend, EC, christliche Pfadfinderschaft oder ähnliche Gruppen. Diese Jugendsekte ist vielmehr eine straff organisierte und autoritär geführte Gemeinschaft, deren Glaubensgrundlage aus einer von ihrem Leiter David Berg verzerrten und pervertierten religiösen Begrifflichkeit besteht.
Nach dem Zeugnis des Neuen Testamentes ist es keiner Gemeinschaft verheißen, als ganze exklusiv unter der Heilszusage Gottes zu stehen. Durch die Jahrhunderte der Kirchen- und Sektengeschichte haben sich solche Meinungen stets als absurd erwiesen und häufig verheerende Auswirkungen gehabt. Auch im Falle der „Kinder Gottes", als „auserwähltes Volk" oder „wiederhergestelltes Volk Israel" hervorgehoben, sinkt diese Lehre zu reiner Ideologie und Zweck-Propaganda herab.
Der Name „Jesus" scheint, rein äußerlich, bei den jungen Leuten von entscheidender Bedeutung zu sein. „Jesus-Revolution", „Jesus liebt dich", „Danke, Jesus!": schnell und leicht geht das über die Lippen der etwas maskenhaft lächelnden Gesichter. Bei näherem Hinsehen entpuppt er sich jedoch als eine Art Schleier, der den harten Kern verdeckt: das „Prophetentum" David Bergs und seine daraus abgeleiteten Träumereien. Den Anspruch, ein „Prophet Gottes" zu sein, kann er aufgrund seiner bisherigen Äußerungen wohl kaum mit einer göttlichen Beauftragung begründen. Seine eigenen Halluzinationen dagegen und die wirren Visionen seiner Verwandtschaft seien ihm als Ausgangspunkt unbenommen. Da der Sektenführer seine Anhänger auf die von ihm erfundene Lehre verpflichtet und darauf, nur diese zu verbreiten, stehen sie nicht im Dienste Jesu Christi, sondern in seinen Diensten. Als Folge davon hat

natürlich auch die Bibel als das überlieferte Wort Gottes ihre Stellung weitgehend eingebüßt und ist durch die neuen „Heiligen Schriften“ ersetzt worden. Mit der Vergötzung der „MO-Briefe“ stehen die „Kinder Gottes“ den Zeugen Jehovas und ihrem „Wachtturm“ sehr nahe.
David Berg predigt abgrundtiefen Haß; wäre ein echter Nachfolger Jesu dazu fähig? Ebenso zu den Drohungen im Hinblick auf eigene Freunde oder zu Mordgedanken gegenüber anderen Christen?
Die eigentlichen Ziele der Sekte sind die Ausbreitung der Berg'schen Ideologie mit allen Mitteln sowie das Streben der Sektenführung nach Macht über andere Menschen. Um diese Ziele zu erreichen, lockt man religiös-sensible, idealistisch gesonnene und opferbereite junge Menschen unter falschen („christlichen“) Voraussetzungen in die Kommunen, um sie dort durch Seelenwäsche zu verängstigen und unkritischen Marionetten zu machen. Hierbei scheuen sich auch die unteren Sektenführer nicht, die physische und psychische Existenz junger Menschen aufs Spiel zu setzen, indem sie ihnen alles nehmen, was sich diese eventuell schon an geistigen und materiellen Werten für die Zukunft geschaffen haben.

Wohin kann man sich wenden?

Die evangelischen Landeskirchen haben zur Beratung in Sekten- und Weltanschauungsfragen in den meisten Fällen besondere Beauftragte ernannt. Die Adressen können bei den Landeskirchenämtern bzw. bei allen Pfarrämtern erfragt werden.

Für Westfalen ist beispielsweise als Beauftragter eingesetzt:
Pfarrer Rüdiger Hauth, Röhrchenstr. 10, 5810 Witten/Ruhr.

Für die Evang.-Luth. Kirche in Bayern:
Pfarrer Friedr.-W. Haack, Bunzlauer Str. 28, 8000 München 50.

Auf katholischer Seite wurde für die Erzdiözese München-Freising beauftragt:
Dipl.-Theol. Hans Löffelmann, Maxburgstr. 5, 8000 München 2.

Kontaktadressen:

- „Arbeitsgemeinschaft für Religions- und Weltanschauungsfragen", Postfach 1 07, 8000 München 50.
- Elterninitiative zur Hilfe gegen seelische Abhängigkeit und religiösen Extremismus e. V., Postfach 8 74, 8000 München 1.
- Evangelische Zentralstelle für Weltanschauungsfragen, Hölderlinplatz 2 A, 7000 Stuttgart-W. (Leiter: Pfarrer H. Aichelin).

Als Hilfs- und Beratungsstellen empfehlen sich ferner:

- die Jugendämter der erzbischöflichen und bischöflichen Ordinariate;
- die evangelischen und katholischen Jugendpfarrer;
- die katholische und evangelische Telefonseelsorge;
- die kirchlichen Erziehungs-, Ehe- und Familienberatungsstellen;
- die kommunalen Jugendberatungsstellen.

Die Adressen sind jeweils dem örtlichen Telefonbuch zu entnehmen oder bei einem Pfarramt zu erfragen.

Evangelischer Presseverband für Bayern
Abteilung Kleinschrifttum · Birkerstraße 22 · 8000 München 19